권리를 위한 투쟁
/
법감정의 형성에 관하여

권리를 위한 투쟁 /
법감정의 형성에 관하여

루돌프 폰 예링
심재우 · 윤재왕 옮김

너는 투쟁을 통해 너의 권리를 찾아야 한다

Der Kampf ums Recht /
Über die Entstehung des Rechtsgefühles

새물결

Der Kampf ums Recht / Über die Entstehung des Rechtsgefühles by Rudolf von Jhering
Korean translation copyright ⓒ Saemulgyul Publishing House, 2016.

옮긴이
심재우

고려대학교 법과대학과 대학원 법학과를 졸업하고 독일 빌레펠트 대학교 법과대학에서「저항권과 인간의 존엄」으로 박사학위를 받았다. 오랜 기간 고려대학교 법과대학에서 법철학과 형사법을 강의하면서 수많은 학생들에게 법과대학이 단순히 조문을 다루는 기술자들을 생산하는 공장이 아니라는 사실을 깨닫게 해주었다. 답안지에 어떻게든 '인간의 존엄'이라는 단어가 들어가면 높은 학점을 받을 수 있다고 소문이 돌만큼 '인권'과 '인간의 존엄'이 곧 법의 정신임을 역설하는 정열적인 강의로 유명했다. 법철학과 형사법에 관련된 수많은 논문들을 발표했고, 독일 스승 베르너 마이호퍼의『법과 존재』그리고 저항권의 역사적 전개과정을 다룬『폭정론과 저항권(헬라 만트)』을 번역했다.

윤재왕

고려대학교 법과대학 법학과, 문과대학 철학과, 대학원 법학과를 졸업했으며 독일 프랑크푸르트 대학교 법과대학에서 법학박사 학위를 받았다. 현재 고려대학교 법학전문대학원 교수(법철학, 법사회학, 법사상사 담당)로 재직중이다. 옮긴 책으로는 니클라스 루만의『사회의 법』,『체계이론입문』등이 있다.

권리를 위한 투쟁/법감정의 형성에 관하여

지은이 | 루돌프 폰 예링
옮긴이 | 심재우・윤재왕
펴낸이 | 김태일
펴낸곳 | 새물결 출판사
1판 1쇄 2016년 10월 7일 | 1판 2쇄 2017년 4월 25일
등록 서울 제 15호-52호(1989. 11. 9)
주소 | 서울특별시 마포구 망원1동 409-48 2층 우편번호 121-822
전화 | 편집부 02)3141-8697, 영업부 02)3141-8696 팩스 02)3141-1778
이메일 | saemulgyul@gmail.com
ISBN 978-89-5559-398-3(94360)

이 책의 한국어판권은 저작권법에 의해서 한국 내에서 보호를 받는 저작물이므로 무단전재와 복제를 금합니다.

일러두기

1. 이 책은 루돌프 폰 예링의 *Der Kampf ums Recht* 와 *Über die Entstehung des Rechtsgefühles*를 우리말로 옮긴 것이다.
2. 단행본이나 학술지, 잡지는 『 』로, 논문과 시, 단편 소설은 「 」로 표시했다.
3. 『권리를 위한 투쟁』의 원주와 옮긴이 주는 『권리를 위한 투쟁』 본문 말미에 실었다.

옮긴이 서문

|

불법을 감수하지 마라! — 권리를 위한 투쟁

　본 역서는 독일의 법학자 Rudolf von Jhering, *Der Kampf ums Recht*, 4. Auflage, Wien, 1874의 전역이다. 이 『권리를 위한 투쟁』은 예링이 1872년 봄에 빈에서 법률가협회 초청으로 행한 학술강연을 정리하여 출판한 것이다. 초판은 강연 후 1872년에 곧 출판되었고 이어서 놀라운 속도로 판이 거듭되어 이미 1921년에는 20판을 내게 되었다. 이 조그마한 저서는 오늘날 법문화를 가진 나라치고 거의 번역되어 있지 않은 나라가 없을 정도이다. 그만큼 이 책은 대단한 전파력을 가지고 마치 열병처럼 전 세계를 휩쓸었다. 오늘날도 이 책은 각국의 법학도 및 사회과학도들의 애독서로 되어 있다. 그 이유는 아마도 '권리를 위한 투쟁'이 인간의 법세계에서 영원한 과제로 되어 있기 때문이리라.

예링은 1818년 8월 22일에 동프리이스란트의 아우리히Aurich in Ostfriesland에서 변호사의 아들로 태어났다. 18세에 고등학교를 졸업하고 이어서 하이델베르크, 괴팅겐, 뮌헨 대학 등에서 법학을 전공한 후 1842년에 베를린 대학에서 로마법상의 상속재산 점유자에 관한 학위논문으로 박사학위를 받았다. 이어서 1843년부터 베를린, 괴팅겐, 바젤, 로오슈토크, 빈, 슈트라스부르크 대학 등에서 법학교수로 활약했으며 유명한 저서를 많이 남겼다. 『로마법의 정신*Geist des römischen Rechts*』(1. Teil 1852, 2. Teil 1854, 3. Teil 1865), 『로마사법에 있어서의 책임 요소*Das Schuldmoment im römischen Privatrecht*』(1867), 『법에 있어서의 목적*Der Zweck im Recht*』(1. Band 1877, 2. Band 1884), 『로마법의 발전사*Entwicklungsgeschichte des römischen Rechts*』(1894) 등은 그의 학문적 업적으로 널리 알려져 있는 것들이다. 특히『권리를 위한 투쟁』은 그의 법철학적 사상을 대표하는 것으로 당시의 역사법학파에 대하여 통렬한 비판을 가하며 반기를 들었다.

『권리를 위한 투쟁』의 내용을 한마디로 요약한다면, '법의 목적은 평화이지만 그 수단은 투쟁'이라는 것이다. 그 투쟁은 불법에 대한 항거에 있으며 그것 없이는 법의 생명은 죽어버리고 만다는 것이다. 따라서 예링에게 있어서 법은 논리적 개념이 아니고 힘의 개념이다. 그리고 이 힘의 원천은 권리이다. 권리는 그에게 있어서는 인간의 실존 조건으로 파악되어 있다. 생명권, 신체권, 재산권, 자유권, 명예권, 인격권 등의 확보 없이는 인간은 인간으로 생존할 수 없다. 법은 이러한 권리들을 보호할 목적을 가지고 있으며 그 내용은 권리의 객관화된 '사진Bild' 이외의 아무것도 아니다. 법학에서 권리를 '주관적 법subjektives Recht'이라고 하고 법을 '객관적 권리objektives Recht'라고 하는 소이가 바로 여기에 있다. 이 양자는 마치 동전의 표리와 같은 관계에 놓여 있다. 따라서 '권리를 위한 투쟁'은 곧 '법을 위한 투쟁'을 의미한다.

예링에 있어서 그 권리의 내용은 '이익Interesse'으로 파악되어 진다. 즉 법에 의해 보호된 이익이 법적 권리이다. 그래서 '권리를 위한 투쟁'은 동시에 '이익을 위한 투쟁'이기도 하다. 그러나 여기서 말하는 이익은 물질적·경제적 이익에만 국한되어 있는 것이 아니라 오히려 정신적·인격적 이익에 더 중점을 두고 있다. 순수한 인격적 권리침해는 물론이고 재산적 권리침해의 경우에 있어서도 그 가운데서 동시에 '인격Persönlichkeit'이 침해되고 있음을 간과해서는 안 된다는 것이다. 따라서 일체의 권리침해에 있어서 궁극적으로 문제되는 것은 인간의 존엄과 가치이다. 이것을 수호하기 위해 인간은 자의에 대해 단호히 맞서지 않으면 안 된다는 것이다. 그러므로 예링은 침해된 재산권의 보상에 있어서도 단순한 금전적 가치의 보상, 즉 금전배상만으로써는 부족하며 동시에 정신적 가치, 즉 손상된 법감정에 대한 보상이 따라야 한다는 것이다. 옛날 로마법에서의 민사상의 제재는 이러한 요구에 만족을 줄 수 있었으나 오늘날의 사법상의 손해배상에서는 이에 대한 배려가 되어 있지 않다고 하며, '물질주의Materialismus'의 전형적 형태라고 비난한다.

특히 그의 사상에서 우리가 또한 주목해야 할 것은 권리를 위한 투쟁은 개인을 위해서 뿐만 아니라 국가공동체의 존립을 위해서도 필요불가결하다는 점이다. 권리의식이 뚜렷하지 못한 백성은 결국 국가의 권리도 지킬 줄 모른다고 한다. 따라서 외적으로부터 국가를 확고하게 방어하기 위해서는 막대한 국방예산보다 백성들이 투철한 권리의식으로 무장되어 있을 것이 더 필요하다는 것이다. 따라서 내 것을 빼앗기지 않고 어떤 일이 있어도 지킨다는 권리의식의 함양이야말로 최선의 정치교육이라고 한다. 이러한 관점으로부터 바라볼 때 예링으로서는 침략자보다 오히려 짓밟히는 자를 탓하게 된다.

그래서 그는 '불법을 행하지 마라!Tue kein Unrecht!'는 금지명제보다 오히려 '불법을 감수하지 마라!Dulde kein Unrecht!'는 요구명제를 우선시킨다. 이 요구명제에 상응하는 자기주장이 바로 '권리를 위한 투쟁'으로 나타나는 것이다. 이것은 그에게 있어서는 도덕적 자기보존의 의무로 각자에게 명해지며, '인간의 자기 자신에 대한 의무Pflicht des Menschen gegen sich selbst'에로까지

높여진다. 그리고 이 의무를 태만히 하는 자는 자기의 도덕적 실존 조건을 포기하는 자로, 그것은 '도덕적 자살moralischer Mord'이라고 할 수 있다. 권리침해를 감수하는 자, 그럼으로써 자기의 존재를 노예나 동물의 간계로 전락시키는 자, 그 자가 바로 법의 정신을 좀먹는 자이다. 불법과 불의를 감수하고 관용하는 비겁과 무관심이야말로 타기唾棄할 일이며 법이 용서 못할 죄를 짓는 것이다. "투쟁은 권리의 영원한 작업이다. ……투쟁 가운데서 너는 너의 권리를 발견하여야 한다Der Kampf ist ewige Arbeit des Rechts. ……Im Kampf sollst Du Dein Recht finden."는 이 책의 마지막 구절은, 인간의 실존 조건으로서의 권리라는 것은 공짜로 주어지는 것이 아니라 투쟁에 의해 비로소 쟁취되어진다는 것을 알려주는 진리의 말이다. 예링의 법철학, 아니 더 정확히 말하여 그의 권리의 철학은 이 마지막 결론구에서 가장 잘 표현되어 있다. 역자가 여기서 더 이상 부연하는 것은 오히려 어설픈 해설이 될 것이다.

이 책의 원문은 강연체로 되어 있어서 번역하기에 상당히 힘이 들었다. 되도록 원문에 충실하면서 알기 쉽게 옮기려고 애썼으나 뜻대로 되었는지 모르겠다. 번역에는 한계가 있는 것이므로 이 점 독자들의 양해를 구하는 바이다. 본서를 번역함에 있어서 지금 독일에 유학 중에 있는 법학석사 김일수 군의 노고를 잊을 수 없으며 대학원에 재학 중인 법학사 김영환 군의 도움도 컸다. 양 법학도에게 아울러 감사하는 바이다.

1977년 10월 17일

심재우

개역판 옮긴이 서문

기억은 현재의 필요 때문에 기억될 뿐, 과거로 되돌아가기 위한 몸부림이 아니다

고등학교 때 처음 '법철학'이라는 단어를 들었을 때의 묘한 설렘을 아직도 간직하고 있다. 법과대학 진학은 아주 어린 시절부터 가진 꿈이었고 역사나 철학에 대한 동경은 그 꿈을 가로막는 또 하나의 꿈이었다. 두 개의 꿈이 서로 양립할 수 있는 길이 있다는 막연한 희망을 갖게 만들어준 '법철학' 덕분에 다행인지 불행인지 고려대학교 법과대학에 입학해서 법철학을 향한 긴 여정이 시작되었다. 광주의 비극을 가슴에 품은 채 상경해서 시작된 대학생활이 내게 보여준 건 독재의 편재성 그리고 현실과는 전혀 관계없고 그래서도 더욱 이해하기 어려운 법철학 책들이었다. 1학년 1학기에 필수과목이던 법학통론 강의에서 몇 번인가 제목을 들었던 『권리를 위한 투쟁』을 처음 읽게 된 건 그해 여름방학이었다. 누군가에게서 법철학을 공부하려면 반드시 읽어야 한다는 말을 들었던 것 같다. 지금은 사라진 〈박영문고〉 시리즈의 한 권이었다. 장대비가 쏟아지는 여름날 광주행 고속버스 창가 자리에서 첫 장을 넘긴 순간은 지금도 생생하다. 그 시절 자주 겪은 일이었지만 책의 내용은 썩 쉽게 이해되지 않았다. 그저 '권리를 위한 투쟁'이라는 표현만이 강렬하게 다가왔을 뿐, 저자가 정확히 무슨 말을 하는지를 하나하나 따라가기는 나로서는 불가능한 일이었다. 한 가지 위안은 번역자가 내가 다니고 있는 학교의 교수님이라는 사실이었다. 십중팔구는 이 분이 미래에 나의 지도교수님이 되리라는 예감을 가졌고, 법철학 또는 법철학자가 예나 지금이나 보호 대상일 만큼 희귀하다는 사실에 비추어 볼 때 그때의 예감이 현실이 되는 데는 많은 세월이 걸리지 않았다.

    법학과를 졸업하고 철학과에서 복수전공을 마치고 돌아온 대학원 법학과의 지도교수님은 이 책의 번역자이신 심재우 교수님이셨다. '교수님'이라는 중립적인 표현은 이제 '선생님'이라는 학문적 유대와 인간적 친밀성의 표현으로 대체되었고, 세월이 축적되고 가르침과 배움이 쌓이면서 선생님은 나의 학문적 및 인간적 '스승'이 되셨다. 어찌된 인연인지 나는 오랜 시간이 흐른 후 스승님의 자리를 물려받은 후임이 되었다. 개인적으로는 영광이지만 동시에 상당히 부담되는 일이다.

나의 대학원 생활은 선생님이 출간하신 문헌들을 빠짐없이 읽는 일에서 시작됐다. 꽤 많은 양의 형법 관련 논문들과 법철학 논문을 최대한 빠른 시간 내에 읽었다. 문제는 당시 선생님이 출간하신 유일한 단행본이던 이 책이었다. 수년 전에 겪은 좌절이 되살아났고, 예전처럼 내용을 대충 이해해서는 안 된다는 압박감을 받게 되었다. 이번에는 그 사이 어느 정도 쌓인 독일어 해독 능력을 과신하면서 원문을 함께 읽기 시작했다. 곧바로 좌절은 증폭 과정을 거치게 되었다. 그 원인이 강연문 탓인지 내 능력 탓인지조차 감을 잡을 수 없는 상태였고, 번역자에 대한 존경심은 거의 공포심에 가까운 상태로 커져갔다. 그저 대학 1학년 때 비해서는 조금 더 많이 이해했다는 정도의 포기에 가까운 위로로 두 번째 예링 도전기는 그렇게 끝났다. 대학원에서 선생님께 혹독한(?) 트레이닝을 받으면서 법철학의 문 앞에 서성거릴 수 있게 되었지만 예링은 더 이상 나의 일이 아니게 되었다.

"과거를 기억하지 않는 자는 그 과거를 반복해야 하는 형벌을 받는다." 철학자 산타야나George Santayana의 말은 예링과 나의 관계를 정확하게 반영한다. 유학생활 중 역사법학에서 개념법학, 개념법학에서 다시 이익법학으로 전환되는 법이론의 역사를 추적하면서 이익법학 또는 목적법학의 창시자인 예링을 지나치는 것은 불가능했다. 당연히 예링 읽기의 서막은 『권리를 위한 투쟁』이었고, 또 하나의 유명한 강연문인 「법감정의 형성에 관하여」 역시 읽기 목록에 곧바로 추가되었다. 그리고 비록 과거를 반복하는 형벌을 받긴 했지만, 이 형벌을 반복해야 하는 일은 다행스럽게도 생기지 않았다. 선생님으로부터 배운 학자의 덕목을 잊지 않은 덕분이었다. 그 덕목은 단순하기 짝이 없다. 열심히 공부하라는 것 말고 학자에게 무슨 다른 덕목이 필요하겠는가?

그러나 내가 예링의 글을 번역하리라고는 단 한순간도 생각한 적이 없다. 재번역의 계기는 ― 나로서는 ― 우연적인 대화에서 비롯됐다. 선생님의 제자인 차병직 변호사가 2012년에 선생님의 팔순을 기념하기 위해 무언가를 하는 게 좋지 않겠냐고 하면서 선생님이 과거에 번역하신 프란츠 폰 리스트Franz von Liszt의 『마르부르크 강령』과 단행본 『권리를 위한 투쟁』을 다시 번역해서 출간하자는 제안을 했다. 앞의 것은 어느 학술지에 실렸다는 사정, 뒤의 것은 절판된 지 오래라는 사정이 첫 번째 이유였고, 오랜 세월이 흘러 현재의 언어 사용에 적합한 방식으로 수정하는 게 바람직하다는 것이 두 번째 이유였다. 차 변호사가 나를 설득할 필요는 없었다. 다만 마음 한구석이 불편한 건 예링 때문이었다. 그리하여 일단 『마르부르크 강령』을 먼저 출간(도서출판 강, 2012년)했다. 예상대로 예링을 번역하는 일은 만만치 않았고, 선생님의 번역을 최대한 살리면서 가독성을 높이는 작업은 상당한 시간을 필요로 했다. 이럴 때 시간은 최상의 조력자이다. 두 번의 방학이 지나고 난 이후 내 컴퓨터에는 10여 년 전 연속해서 읽었던 두 개의 강연 모두 번역문이 파일로 저장되었다. 그리고 『권리를 위한 투쟁』의 번역 초고는 선생님의 엄격한 검토를 거쳐 다시 수정되었다.

번역 초판이 세상에 나온 것이 1977년이니까 거의 40년이 흘렀다. 그 40년 사이에 법과 법에 관한 생각은 많은 변화를 겪었고, 19세기의 정신이 쏟아낸 법사상을 읽는 맥락 역시 40년 전과는 완전히 달라졌다. 당연히 '권리를 위한 투쟁'이라는 표현이 불러일으키는 연상들과 실천적 맥락 그리고 이제는 신문기사에도 자주 등장하는 '법감정'이라는 단어에 대한 이해 역시 과거와는 상당한 거리가 있을 것이다. 모든 텍스트가 그렇듯이 지금 이 책에 담긴 텍스트들도 인간의 역사의 기억 장치이고, 기억은 오로지 현재에서만 이루어지는 현상이다. 즉 기억은 현재의 필요 때문에 기억될 뿐, 과거로 되돌아가기 위한 몸부림이 아니다. 따라서 이 텍스트들이 지금 여기에서 어떻게 읽힐 것인지는 전적으로 지금 여기의 문제일 뿐이다. 이 점에서 텍스트의 형성 배경이나 그 이후의 해석의 역사에 대한 '해제'는 과감히 생략하기로 한다. 다만 한 가지는 지적해두고 싶다. 이 책에 대해 선생님이 과거에 바치셨던 열정이 그저 열정으로 남았을 뿐, (법)현실은 그 열정에 대답하지 않았다는 사실이 몹시

안타깝고 허전하다.

    이 책의 재번역은 20세기의 유명한 법철학자 구스타프 라드브루흐Gustav Radbruch가 편집한 Rudolf von Jhering, *Der Kampf ums Recht*(1965)를 토대로 삼았다. 라드브루흐는 나치가 남긴 폐허위에서 하이델베르크 대학교 법과대학을 재건하는 작업에 몰두하던 1948년에 『권리를 위한 투쟁』를 포함한 예링의 주요 저작을 편집해 출간할 계획을 세웠고, 편집자 서문과 편집자 각주까지 모두 집필한 상태였지만 1949년에 세상을 떠나고 말았다. 나치 독재에서 벗어난 독일 국민들에게 『권리를 위한 투쟁』을 널리 읽히도록 해야 하겠다는 라드브루흐의 의도는 심재우 선생님의 의도와 커다란 차이가 없었다는 생각을 하게 만든다. 아무튼 라드브루흐의 이 계획은 미망인의 동의를 얻어 1965년에야 실현되었다. 이 책에 실린 '권리를 위한 투쟁'은 선생님이 원래 번역하신 제4판(1874년)과 일치하며, 『법감정의 형성에 관하여』는 1884년에 빈에서 발간되던 한 법학 학술지에 실린 강연문 전체를 그대로 실은 것임을 밝혀둔다.

    재번역의 계기가 된 차병직 형, 출간에 애써주신 조형준 주간 그리고 교정을 맡아준 고려대학교 대학원 법학과의 박석훈 씨와 김다희 씨 등 모든 분에게 감사의 말을 전한다. 그리고 그 무엇보다 선생님께서 더 건강해지시기를 빌어 마지않는다. 그 40년의 세월이 결코 헛되지만은 않았다는 말씀도 꼭 드리고 싶다.

2016년 7월 20일

윤재왕

차례

옮긴이 서문 | 불법을 감수하지 말라! — 권리를 위한 투쟁 · 7

개역판 옮긴이 서문 | 기억은 현재의 필요 때문에 기억될 뿐, 과거로 되돌아가기 위한
몸부림이 아니다 · 13

권리를 위한 투쟁 · 23

/

법감정의 형성에 관하여 · 137

권리를 위한 투쟁

Der Kampf ums Recht

서문

1872년 초에 나는 빈의 법률가협회에서 강연을 했고, 같은 해 여름 더 많은 독자를 염두에 두면서 이 강연의 내용을 증보하고 다듬어서 '권리를 위한 투쟁'이라는 제목으로 출간했다. 내가 이 책을 손질하고 출간한 목적은 처음부터 이론적 목적이 아니라 윤리적·실천적 목적에서였으며, 법에 대한 학문적 인식을 촉진하기보다는 법의 궁극적 힘의 원천이 되어야 할 심정, 즉 용감하고 단호하게 법감정을 주장하고 관철하는 심정을 촉진하기 위한 것이었다. 이 책에는 여러 가지 오류가 있을지 모르겠지만, 이 사상은 분명 시대의 핵심을 정확히 짚어낸 것이었고, 적절한 시점에 적절한 언급을 한 것임에 틀림이 없는 것 같다. 이 책이 독일뿐만 아니라 다른 나라에서도 커다란 반향을 불러일으켰고, 내가 전혀 알지 못하는 사람들이 이 책으로부터 커다란 감명을 받았다는 내용의 서신을 많이 보내왔다는 사실이 이를 입증해준다.

이제 이 소책자의 제4판을 독자들에게 내놓게 되었다. 이번에는 더 많은 독자들이 이 책을 쉽게 구입할 수 있도록 값싼 문고판 형태로 출간하려는 것이 출판사의 의도였다. 나는 일반인들보다는 법률가들을 염두에 두면서 썼던 내용들을 상당부분 삭제해, 이러한 출판사의 의도에 부응하려고 노력했지만 과연 뜻대로 되었는지 모르겠다. 아무튼 이 책을 더 넓은 독자층이 읽는 데 방해가 될 수 있는 부분을 삭제했지만 법률가들은 그 부분을 아쉬워할지도 모르겠다.

이 책에 대해서는 당연히 비판이 가해지기도 했는데, 그렇다고 해서 내가 이 책의 내용을 수정할 필요를 느끼지는 않았다. 더욱이 제기된 비판에 대해서는 이미 제3판의 서문에서 답변했기 때문에, 이를 여기서 반복할 필요는 없을 것이다. 나는 예나 지금이나 이 책의 근본 사상이 진실이라면 여기서도 똑같이 주장해야 한다고 확신하고 있다. 만일 이 근본 사상이 진실이 아니라면 이를 옹호하기 위한 더 이상의 말은 불필요할 것이다.

나는 독자들에게 두 가지를 부탁하고 싶다. 첫째, 나의 견해를 왜곡해 나로 하여금 공연한 다툼에 휩싸이게 만드는 식으로 나를 반박하지 말기를 부탁한다. 나는 모든 다툼에서 권리를 위해 투쟁해야 한다고 요구하는 것이 아니라 오로지 권리의 침해가 인격에 대한 멸시까지 포함하는 경우에만 권리를 위해 투쟁해야 한다고 주장할 따름이다. 나의 이론에서는 양보와 화해, 온유와 사랑, 타협과 권리 포기도 적절한 곳에서 충분히 드러나 있음을 명심하길 바란다. 나의 이론의 대상은 오로지 비겁과 나약함으로 인해 불법을 감수하는 굴욕적 상황일 뿐이다.

둘째, 나의 이론을 명확하게 이해하는 일을 진지하게 받아들이는 사람이라면 나의 이론이 전개하고 있는, 실천적 행위를 위한 적극적 형식에 대해 자신의 또 다른 적극적 형식을 대비시켜보도록 노력하기를 촉구한다. 그렇게 하면 과연 자신이 어떤 결론에 도달할 것인지를 분명하게 의식할 수 있을 것이다. 권리를 가진 자가 자기 권리가 짓밟힐 때 무엇을 해야 하는가? 이 물음에 대해 법질서의 존립과 인격의 이념에 부합하면서도 나의 대답과는 모순되는 대답을 할 수 있는 사람이라면, 그는 나를 반박한 것이 된다. 하지만 그렇게 할 수 없는 사람이라면 나의 대답을 신봉하거나 아니면 모든 흐릿한 정신의 특징인 어설픔에 만족하거나 둘 가운데 하나를 선택해야만 한다. 그런 식의 어설픔은 다른 사람의 주장에 대해 불만과 부정을 토로할 뿐, 적극적으로 자신의 주장을 내세우지 못한다. 순수한 학문적 문제를 앞에 두고 스스로 진실을 주장할 능력이 없는데도 무턱대고 잘못을 반박하는 짓만 일삼는 것은 삼가야 한다. 또한 어떤 식으로든 행동하지 않을 수 없는 상황에서 과연 어떻게 행동해야 하는가라는 실천적 문제를 앞에 두고 다른 사람이 제시하는 방향은 그저 부당하다고 배척하는 것만으로는 충분하지 않으며, 이를 대체하는 다른 방향을 제시해야 한다. 내가 제시한 방향과 관련해 과연 그러한 바람직한 상황이 전개될 것인지를 지켜보도록 하겠다.

1874년 8월 4일
괴팅겐에서
루돌프 폰 예링

너는 투쟁을 통해 너의 권리를 찾아야 한다

법이라는 개념은 하나의 실천적 개념, 즉 목적 개념이다. 하지만 모든 목적 개념은 본질적으로 이중적인 형태를 갖고 있다. 왜냐하면 목적 개념에는 목적과 수단의 대립이 포함되어 있기 때문이다. 그러므로 그저 목적만 내세우는 것으로는 충분하지 않고, 이 목적에 도달할 수 있는 수단까지 제시해야 한다. 따라서 우리가 법에 대해 이야기하고 법에 대해 대답하고자 할 때는 언제나 목적과 수단이라는 두 가지 물음과 관련을 맺지 않을 수 없다. 법 전반에 관한 것이든 아니면 개개의 법제도와 관련된 것이든, 법의 전체 체계는 사실상 이 두 가지 물음에 대한 끊임없는 대답이다. 예컨대 소유권, 채무 등과 같은 법제도에 대한 개념 정의는 필연적으로 이중적으로 이루어진다. 즉 법제도에 대한 개념 정의는 이 법제도가 추구하는 목적을 제시하고, 이와 동시에 이 목적을 달성하기 위한 수단도 제시한다. 그렇지만 일정한 목적에 도달할 수 있는 수단의 종류가 아무리 다양한 형태를 갖고 있을지라도, 법제도의 수단은 언제나 불법에 대항하는 투쟁으로 귀착한다. 법의 개념 속에는 투쟁과 평화라는 대립된 요소가 함께 들어 있다. 법의 목적으로서의 평화와 법의 수단으로서의 투쟁 — 이 두 가지는 법이라는 개념을 통해 동시에 표현되고, 이 개념과 결코 분리할 수 없다.

법에 대한 이러한 생각에 대해서는 아마도 다음과 같은 반론을 제기할지도 모른다. 즉 투쟁이라는 평화에 반하는 상태야말로 법이 억제하고자 하는 것이고, 투쟁은 곧 장애로서 법의 질서에 대한 부정을 포함하기 때문에 결코 법개념의 요소가 될 수 없다고 반론을 펼칠 것이다. 만일 불법이 법에 대항해 투쟁하는 경우라면 이 반론은 옳다고 할 것이다. 그러나 우리에게 중요한 것은 법이 불법에 대항해 투쟁하는 경우이다. 이와 같은 투쟁, 다시 말해 불법에 맞서는 저항이 없다면 법은 스스로를 부정하고 말 것이다. 법이 불법으로부터 자행되는 공격에 충분히 대처해야만 하는 한 — 그리고 이 상태는 세계가 존속하는 동안 영원히 지속될 것이다 — 법에게 투쟁은 피할 수 없는 숙명이다. 따라서 투쟁은 법에게 낯선 것이 아니라 법의 본질과 떼려야 뗄 수 없게 결합되어 있으며, 법개념을 구성하는 요소이다.

이 세상의 모든 법은 쟁취된 것이며, 세상에서 효력을 갖는 모든 법규는 이 법규에 반항하는 자들을 억누르고 쟁취했어야 했고, 한 국민의 법이든 한 개인의 권리이든 모든 법과 권리는 이를 관철하려는 지속적인 태도를 전제한다. 그렇기 때문에 법은 논리적 개념이 아니라 힘의 개념이다. 정의의 여신은 한 손에는 법을 가늠하는 저울을 들고, 다른 한 손에는 법을 관철시키기 위한 칼을 쥐고 있다. 저울이 없는 칼은 노골적 폭력일 따름이고, 칼이 없는 저울은 무기력한 법일 뿐이다. 두 가지는 함께 해야 하며, 정의의 여신이 칼을 휘두를 수 있는 힘을 갖고 있으면서도 동시에 저울을 다루는 능숙함을 발휘할 때만 비로소 완벽한 법적 상태가 지배하게 된다.

 법이란 끝없는 노동이고, 더욱이 단순히 국가권력만의 노동이 아니라 전체 국민의 노동이다. 그래서도 법적 생활 전체를 살펴보면 국민 전체가 경제적 생산과 정신적 생산의 영역에서 이루어지는 자신들의 활동을 위해 끝없는 노력과 노동을 기울인다는 점을 분명하게 알 수 있다. 그러므로 자기 권리를 주장해야 하는 상황에 처한 모든 개인은 이 전체 국민의 노동에 참여하는 것이며, 지상에서 법이념이 실현되는 데 자그마한 기여를 하는 셈이다.

 물론 모든 사람들에게 똑같이 이러한 요구가 제기되는 것은 아니다. 대다수 개인들의 삶은 법으로 규율된 궤도 속에서 별다른 의문이나 다툼이 없이 흘러간다. 그런 사람들에게 내가 '법은 투쟁이다'라고 말하면, 그들은 이 말을 이해하지 못할 것이다. 왜냐하면 그들은 법을 평화와 질서의 상태로만 알고 있기 때문이다. 그들 스스로의 경험에 비추어 볼 때도 그건 너무나도 당연한 일이다. 그건 마치 아무런 노력도 기울이지 않은 채 다른 사람의 노동의 열매를 유산으로 거저 상속받은 사람이 '소유는 노동이다'라는 말을 들을 때 느끼는 감정과 비슷할 것이다. 이들이 그런 식으로 착각하는 이유는 소유 개념과 법개념이 갖고 있는 두 가지 측면이 완전히 별개의 것으로 분리될 수 있다고 생각하는 나머지, 한쪽은 향유와 평화로, 다른 한쪽은 노동과 투쟁으로 여기기 때문이다. 그러나 만일 후자의 측면에 대해 묻게 되면 대답은 정반대가 될 것이다. 즉 소유와 법은 모두 야누스적 속성을 갖고 있어 어떤 이들은 이쪽 면을, 다른 어떤 이들은 저쪽 면만 보는 나머지 동일한 대상을 두고 완전히 다른 인상을 품게 된다. 이 점은 법과 관련해 각 개인뿐만 아니라 각 시대에도 해당되는 이야기이다. 즉 한 시대의 삶은 전쟁이고, 다른 시대의 삶은 평화이며, 각 나라의 국민들도 이 두 가지 측면을 주관적으로 서로 다르게 판단함으로써 개인과 똑같은 착각에 빠지게 된다. 오랜 기간에 걸친 평화와 영원한 평화에 대한 믿음은 첫 번째 대포 소리가 달콤한 꿈을 앗아갈 때까지만 찬란하게 꽃을 피우며, 별다른 노력 없이도 평화를 누리던 세대에 뒤이어 전쟁이라는 힘든 노동을 거쳐야만 비로소 평화를 누릴 수 있게 되는 세대가 나타난다. 소유와 법에서는 이런 식으로 노동과 향유라는 측면이 나뉘어 있지만, 그렇다고 해서 양 측면이 한 가지에 속한다는 사실은 전혀 변하지 않는다. 즉 향유하고 평화롭게 사는 한 사람을 위해 다른 사람이 노동하고 투쟁해야만 한다. 투쟁 없는 평화, 노동 없는 향유는 낙원에서나 가능한 일이다. 역사가 알고 있는 평화와 향유는 전적으로 끊임없고 고단한 노력의 결과일 뿐이다.

투쟁이 곧 법의 노동이고, 투쟁의 실제적 필요성과 그에 대한 윤리적 평가에 비추어 볼 때, 투쟁은 소유에서 노동이 갖는 의미와 똑같은 선상에 놓여야 한다는 생각을 아래에서 더 자세히 서술하도록 하겠다. 나는 이러한 작업이 결코 쓸데없는 일이라 생각하지 않으며, 오히려 우리 법학 이론(법철학뿐만 아니라 일반 실정법학까지 포함해)이 당연히 이행했어야 할 책임이 있는데도 이를 제대로 이행하지 않았던 태만을 이제라도 만회하는 일이라고 생각한다. 흔히 우리 법학 이론은 정의의 칼보다는 정의의 저울을 다루어야 한다고 지나치게 단정적으로 말하곤 한다. 그리고 법학 이론이 법을 고찰하는 출발점으로 삼는 순수한 학문적 관점 — 이 관점을 짧게 요약하자면, 법을 현실적 측면에서 권력 개념으로 파악하기보다는 논리적 측면에서 추상적 법규들의 체계로 파악하는 관점이라고 할 수 있다 — 이 갖는 편파성이 법에 대한 모든 견해에 상당히 강력한 영향을 미친 나머지 법에 대한 견해는 법과 관련된 거친 현실과는 거리가 멀어지고 말았다. 이러한 비판과 관련해서는 앞으로 계속 서술하는 과정에서 비판을 반박하는 증거들을 제시하겠다.

잘 알려져 있듯이, 'Recht(법/권리)'라는 표현은 이중적 의미를 포함하고 있다. 즉 객관적 의미와 주관적 의미가 있는데, 객관적 의미의 법은 현재 효력을 갖고 있는 법원칙들의 총체, 다시 말해 삶에 대한 법률 질서로 이해하고, 주관적 의미의 권리는 추상적 규칙이 개인의 구체적 권한으로 고정된 것으로 이해한다. 따라서 'Recht'는 두 가지 방향(법/권리)에서 저항에 부딪히고, 두 가지 방향에서 저항을 극복해야 한다. 즉 두 가지 방향에서 자신의 존재를 투쟁을 통해 쟁취하거나 자신의 존재를 주장해야 한다. 나는 원래 두 번째 방향(권리)의 투쟁을 고찰 대상으로 선택했지만 투쟁이 법/권리의 본질이라는 나의 주장을 첫 번째 방향(법)에서도 검토하는 것을 소홀히 하지 않겠다.

이 점은 국가에 의한 법의 실현과 관련해서는 전혀 의문이 있을 수 없으며, 따라서 이에 대해 더 이상 자세히 설명할 필요가 없다. 즉 국가에 의한 법질서 유지는 법질서를 침해하는 무법과 불법에 대항하는 끝없는 투쟁일 따름이다. 하지만 법의 생성과 관련해서는 그렇게 단순하지 않다. 여기서 법의 생성이란 단순히 역사가 시작될 때 최초로 법이 성립했다는 의미가 아니라 우리가 보는 앞에서 날마다 반복되는 법의 개정, 기존 법제도의 폐지, 기존의 법규를 새로운 법규로 대체하는 것 등등 법에서의 진보를 의미한다. 그런데 법의 생성과 관련해서는 법의 변화 역시 법이라는 존재 자체가 복종하는 법칙에 따른다는 나의 견해에 반대되는 견해가 있다. 이 반대되는 견해는 적어도 우리의 로마법학에서 광범위한 지지를 얻고 있다. 나는 이 견해를 이를 주장하는 학자들의 이름을 따 법의 생성에 관한 사비니Savigny와 푸흐타Puchta의 이론이라고 부르고 싶다. 이 두 학자의 이론에 따르면 법의 생성은 언어의 형성과 마찬가지로 아주 조용하고 아무 고통도 없이 이루어지고, 싸움과 투쟁을 필요로 하지 않으며, 심지어 법을 생성하기 위한 노력조차 필요하지 않다고 한다. 그보다는 억지로 노력할 필요 없이 서서히, 그렇지만 확실하게 자기 길을 개척하게 되는 것이 곧 조용하게 작용하는 진리의 힘이고, 점차 사람들의 마음을 사로잡고, 사로잡힌 마음이 행동을 통해 표출되도록 만드는 것은 곧 확신이 갖고 있는 힘이라고 한다. 결국 새로운 법규는 마치 하나의 언어 규칙과 마찬가지로 힘들이지 않고 자연스럽게 생성된다는 것이다. 따라서 이 견해에 따른다면 예컨대 채권자는 지불 능력이 없는 채무자를 외국에 노예로 팔 수 있다거나 소유권자는 누구든 자신의 물건을 갖고 있는 자에게 반환을 청구할 수 있다는 로마법의 규칙은 고대 로마에서 '함께cum'가 6격 지배 전치사라는 언어 규칙과 똑같은 방식으로 생성되었다고 보게 된다.

   법의 생성에 관한 이 견해는 나 자신이 대학을 졸업하던 당시 갖고 있던 견해였고, 또한 이후에도 아주 오랫동안 이 견해의 영향권 아래 있었다. 과연 이 견해는 진리라고 주장할 수 있을까? 일단 법에서도 언어와 마찬가지로 의도하지 않았고 의식하지 않은 발전 — 전통적인 표현을 빌리자면 내부로부터의 유기적인 발전 — 이 얼마든지 존재한다는 사실을 인정해야 한다. 예컨대 거래 생활에서 반복적으로 이루어지는 자율적인 계약 체결이 시간이 지나면서 점차 법규로 고정된다든가, 사실상으로 존재하는 법으로부터 학문이 개념의 변증법을 수단으로 삼아 의미를 밝히고 뚜렷하게 의식하게 만들어주는 모든 형태의 추상화, 추론, 규칙들이 그러한 유기적 발전에 속한다. 하지만 거래 생활이나 학문이라는 두 요소가 갖는 힘은 제한적이다. 이 요소들이 가진 힘은 이미 주어져 있는 궤도 안에서 운동을 규율하고 촉진할 수는 있지만 새로운 방향으로 나아가려는 흐름을 가로막는 둑을 무너뜨릴 수는 없다. 그것은 오로지 법률만이 해낼 수 있는 일이다. 즉 특정한 목표에 지향된 의도적인 국가권력의 행위가 있어야 한다. 따라서 소송법과 실체법에 대한 모든 중대한 개혁이 법률에 근거할 수 있다는 사실은 결코 우연이 아니라 법의 본질에 깊이 뿌리박고 있는 필연성이다. 물론 법률이 기존의 법에 가하게 되는 변경이 전적으로 추상적인 영역인 법 자체에만 영향을 미칠 뿐, 기존의 법에 기초해 형성된 구체적인 생활관계에까지는 영향을 미치지 못할 수도 있다. 이러한 변경은 그저 고장 난 나사나 롤러를 더 완전한 부품으로

교체해 법이라는 기계를 고친 것에 불과할 뿐이다. 하지만 기존의 법과 개인의 이익에 대한 극도로 민감한 침해를 대가로 치를 때만 법의 변경에 도달하는 경우가 자주 있다는 사실을 알아야 한다. 즉 시간이 흐르면서 수많은 개인과 전체 신분계급의 이익이 기존의 법과 밀접하게 결합되어 있는 경우에는 이들의 이익을 민감하게 침해하지 않고서는 기존의 법을 제거할 수 없게 된다. 이 경우 기존의 법규와 제도에 대해 의문을 제기하는 것은 이들 이익에 선전포고를 하는 것과 같은 일이며, 수천 개의 촉수로 단단히 붙어 있는 해파리를 떼어내는 것과 같이 힘든 일이다. 그러한 시도는 언제나 자기보존 본능을 자연적으로 확인하는 가운데 위협받는 이익 쪽에서 행사하는 극도로 격렬한 저항을 불러일으키고, 따라서 투쟁을 유발한다. 이 투쟁에서는 모든 투쟁이 그렇듯이 어떤 설득력 있는 근거의 힘이 아니라 서로 대립하는 세력들의 권력관계가 결정적이다. 이 때문에 이 투쟁은 힘의 평행사변형 Kräfteparallerogramm에서와 똑같은 결과를 낳는 경우가 자주 있다. 즉 저항하는 힘 때문에 개혁이 의도했던 것과는 다른 방향으로 흘러가게 된다. 그렇기 때문에 공적인 판단이 이미 오래 전에 사형선고를 내린 제도들이 계속해서 생명을 유지하는 경우가 자주 있다는 사실은 오로지 그러한 이유에서만 설명될 수 있다. 그런 제도들이 존속하게 되는 것은 관성의 힘 vis inertiae이 아니라 제도의 존속과 관련을 맺고 있는 이익의 저항력 때문이다.

　이렇게 기존의 법의 배후에 특정한 이익이 자리 잡고 있는 경우에 새로운 법이 기존의 법을 몰아내고 그 자리를 차지하기 위해서는 투쟁을 거치지 않을 수 없으며, 그러한 투쟁은 때로는 한 세기를 훌쩍 뛰어넘어 지속되기도 한다. 특히 관련된 이익들이 취득된 권리 형태를 띠고 있을 때 이 투쟁은 최고조에 도달한다. 즉 양 당사자는 각자 자기 권리의 신성함을 내세우면서 서로 대립하는데, 한쪽은 역사적 권리, 즉 과거로부터 지속되어 온 권리의 신성함을 주장하고, 다른 한쪽은 끊임없이 변화하고 새롭게 되는 권리, 즉 변화를 추구하는 인류의 영원하고 시원적인 권리의 신성함을 주장한다. 이는 법이념이 자기 자신과 갈등을 빚는 경우에 해당한다. 특히 자신의 확신을 위해 온 힘과 온 존재를 바쳤고, 결국 역사의 심판에 굴복해야 했던 주체들에 비추어 본다면 이러한 갈등은 참으로 비극적인 요소를 담고 있다. 노예제도와 농노제도의 폐지, 토지소유의 자유, 영업의 자유, 신앙의 자유 등등 법의 역사에 기록되어야 할 모든 위대한 성과들은 때로는 수백 년 동안 지속된 격렬한 투쟁을 거쳐 비로소 획득되어야만 했다. 그리고 법이 거쳐 간 이 길에서는 자주 피가 난무하고 권리가 파괴되는 일이 일어났다. 왜냐하면 "법은 자기 자식을 잡아먹는 사투르누스 같은 것"[1]이기 때문이다. 즉 법은 자기 자신의 과거를 청산할 때만 다시 젊어질 수 있다.

일단 생성되었다는 이유만으로 영원한 존속을 주장하는 구체적 법은 마치 자신을 낳아준 어머니에게 대항하는 아이와 같은 것이다. 그러한 법이 법이념을 부르짖는 것은 법이념을 조롱하는 짓이다. 왜냐하면 법이념은 영원한 생성과 변화이며, 이미 생성된 것은 새롭게 생성되는 것에 자리를 내주어야만 하기 때문이다.

생성되는 모든 것은 그것이 사멸하기 때문에 가치가 있다.

따라서 법은 역사 속에서 움직이는 가운데 추구하고 쟁취하고 투쟁하는 모습으로, 간단히 말하자면 힘겨운 노력을 기울이는 모습으로 다가온다. 언어에 비추어 자신의 조형 작업을 무의식적으로 수행하는 인간 정신에 대해서는 어떤 폭력적 저항도 행사할 수 없으며, 예술은 자기 자신의 과거, 즉 한 시대를 지배하는 취향이라는 난적 이외에는 달리 극복할 적수가 없다. 하지만 목적 개념으로서의 법은 인간의 목적, 욕구, 이익들이 난무하는 혼란 속에서 올바른 길을 찾기 위해 끊임없이 더듬거리고 시도하지 않을 수 없다. 그리고 법이 올바른 길을 찾았다면 법이 이 길을 걷는 것을 가로막는 저항을 뿌리쳐야 한다. 법의 이와 같은 발전 과정도 예술과 언어의 발전 과정과 마찬가지로 법칙적이고 통일성을 갖고 있긴 하지만 방식과 형태에 비추어 볼 때는 예술과 언어와는 사뭇 다른 발전 과정을 거친다. 그렇기 때문에 사비니가 처음 제기했고, 아주 빠른 속도로 일반적으로 인정받게 된 주장처럼 법의 발전이 예술 및 언어의 발전과 유사하다고 생각하는 것을 나는 단호히 거부하고자 한다. 그런 식의 주장은 이론적으로 잘못이다. 물론 위험한 주장은 아니지만 만일 이 주장을 정치적 원칙으로 삼게 되면 엄청난 재앙을 불러일으키는 착오가 되고 말 것이다. 왜냐하면 이런 주장은 사람들이 진정으로 행동해야 마땅하고, 목적을 뚜렷하게 의식하면서 갖고 있는 모든 힘을 기울여야 할 바로 그 순간에 그저 세상사란 저절로 흘러가기 마련이고 무릎에 손을 가만히 얹어놓은 채, 한 민족의 법적 확신이라는 법의 원천에서 무언가가 흘러내려와 백일하에 드러나리라는 희망을 품고 그저 기다리게 만들 것이기 때문이다. 바로 이 때문에 사비니와 그의 모든 제자들은 입법이 개입하는 것을 그렇게도 혐오했으며[2], 바로 이 때문에 관습법에 대한 푸흐타의 이론은 관습법의 진정한 의미를 완전히 오해했던 것이다. 푸흐타는 관습을 단순히 법적 확신을 인식하기 위한 수단으로 여긴다. 그러나 확신은 확신에 따른 행동을 함으로써 비로소 형성되는 것이며, 법적 확신은 그러한 행동을 통해서만 비로소 과연 이 확신이 충분한 힘을 갖고 있고, 삶을 지배해야 하는 사명을 다할 수 있는지를 제대로 깨달을 수 있다. 그렇기 때문에 관습법의 경우에도 법은 하나의 권력 개념이라는 명제가 당연히 타당성을 갖는다. 푸흐타라는 이 탁월한 학자도 바로 이 점을 전혀 의식하지 못하고 있다. 그래서 푸흐타는 그저 시간에만 전념했을 뿐이다. 왜냐하면 시간은 우리의 시詩 세계에서 말하는 낭만주의의 시간이었기 때문이다. 그리하여 '낭만적'이라는 개념을 법학에 원용하는 것을 조금도 주저하지 않으면서, 시와 법학의 영역에서 비슷한 경향들을 비교하려고 애쓰는 사람이라면 내가 역사법학을 얼마든지 낭만주의라고 불러도 좋다고 주장할지라도 전혀 부당하게 여기지 않을 것이다. 법이 벌판의 풀처럼 아무런 고통이나 노력과 행동도 없이 저절로 생성된다는 생각은 참으로 낭만주의적인 생각에서 기인한다. 그것은 곧 지나간 상태를 이상화하는 잘못이다. 험난하기 짝이 없는 현실은 오히려 그와 반대가 옳음을 가르쳐준다. 즉 우리들 눈앞에서 펼쳐지고 있고 또한 거의 어느 곳에서나 여러 민족이 그들 사이의 법적 관계를 형성하기 위해 이루 말할 수 없는 노력을 기울이고 있다 ― 이는 가장 절박한 종류의 물음들이다. 왜냐하면 한쪽을 긍정하면 다른 한쪽은 반드시 부정하지 않을 수 없기 때문이다 ― 는 사실의 극히 일부만 보더라도 충분히 알 수 있을 뿐만 아니라 우리의 시야를 과거로 돌려보더라도 같은 인상을 받게 된다. 따라서 사비니의 이론은 우리가 아무런 정보도 갖고 있지 않은 선사시대에나 해당될 수 있는 가능성이 남아 있을 뿐이다. 하지만 선사시대에 대해 추측해도 무방하다는 전제하에 나로서는 선사시대를 민족의 확신이라는 깊은 곳으로부터 아무런 해악도 없이 평화롭게 법이 생성되는 무대로 단정하는 사비니의 이론에 맞서 그와는 정반대되는 이론을 제기하겠다. 나의 이론은 최소한 우리가 눈으로 볼 수 있는 법의 역사적 발전 자체에 대한 비유를 담고 있으며 나의 이론이 사비니의 이론에 비해 훨씬 더 커다란 심리학적 개연성이 있는 장점을 지니고 있음을 인정하지 않을 수 없을 것이다. 원시시대! 한 동안 원시시대를 진리, 정직과 성실, 천진난만한 심정, 경건한 믿음과 같은 온갖 아름다운 속성이 갖추어진 상태로 보는 것이 유행이었다. 그러한 토대 위에서는 분명 법도 법적 확신이 갖는 힘 이외에는 다른 원동력이 없더라도 얼마든지 번성할 수 있었으리라. 주먹과 칼은 필요하지 않았을 것이다. 그러나 오늘날에는 저 경건한 원시시대가 사실은 이와는 정반대되는 성격을 갖고 있었음을 누구나 알고 있고, 원시시대에는 이후의 시대에 비해 훨씬 더 편안한 방법으로 법이 생성되었다고 믿는 것은 거의 불가능해졌다. 나는 원시시대가 법의 생성을 위해 기울여야 했던 노력이 훨씬 더 험난했을 것이라고 확신한다. 심지어 내가 앞에서 예로 들었듯이 소유권자는 누구든 자신의 물건을 갖고 있는 사람에게 반환을 청구할 수 있다거나 채무를 이행할 수 없는 채무자를 외국에 노예로 팔 수 있다는 것과 같은 고대 로마법의 법규와 같이 극히 단순한 법규마저도 이 법규가 진정으로 확립되고 누구나 이 법규에 복종하게 될 때까지 엄청난 투쟁을 거쳐 쟁취해야만 했을 것이다. 하지만 원시시대의 실상이 어찌되었든 이제 원시시대에 대한 이야기는 그만두기로 하자. 우리에게 기록으로 남아 있는 역사가 법의 생성에 대해 알려주고 있는 정보만으로도 충분하기 때문이다. 이 정보에 따르면 법의 탄생은 인간의 탄생과 마찬가지로 격렬한 진통을 수반하는 것이 원칙이었음을 알 수 있다.

이러한 사실에 대해 한탄해야 할까? 민족들에게 법은 그저 아무런 노력 없이 하늘에서 뚝 떨어지는 것이 아니라 법을 얻기 위해 싸우고 투쟁하고 피를 흘려야만 한다. 이 사정 때문에 민족과 민족의 법 사이의 내적 유대는 아이의 출생을 위해 자신의 목숨을 건 엄마와 아이 사이의 내적 유대와 같은 것이다. 아무런 노력 없이 얻은 법은 황새가 가져다 준 아이와 같다. 황새가 가져다 준 아이는 여우나 독수리가 도로 빼앗아 갈 수 있다. 그러나 아이를 낳은 엄마에게서 황새가 아이를 다시 빼앗아 갈 수는 없다. 이와 마찬가지로 한 민족이 피나는 노력을 통해 쟁취해야 했던 법과 제도들을 황새가 빼앗아 갈 수는 없는 일이다. 그렇기 때문에 한 민족이 자신들의 법을 쟁취하고 관철하기 위해 쏟아 부은 사랑의 에너지는 그 민족이 법을 획득하기 위해 투입한 노력과 수고에 비례한다고 주장해도 좋을 것이다. 민족과 민족의 법 사이의 가장 견고한 유대 관계를 만들어주는 것은 단순한 관습이 아니라 희생이다. 축복을 내리고자 하는 민족에게 신은 이 민족이 필요한 법을 거저 주지 않으며, 법을 획득하는 데 필요한 노동의 부담을 덜어주는 것이 아니라 오히려 더욱 힘들게 만든다. 이런 의미에서 나는 법의 탄생을 위해 필요한 투쟁은 저주가 아니라 축복이라고 감히 주장하고 싶다.

이제부터는 나의 강연의 본래 주제인, 구체적 권리를 위한 투쟁에 대해 말하겠다. 투쟁이란 권리가 침해되었을 때 또는 권리가 부여되어야 마땅한데도 그렇지 않을 때 발생한다. 한 개인의 권리든 아니면 한 민족의 권리든 어떤 권리도 그러한 위험으로부터 완벽하게 보호되지는 않기 때문에 이 투쟁은 아래로는 사법에서부터 위로는 국가법과 국제법에 이르기까지 법의 모든 영역에서 반복될 수 있다는 결론이 나온다. 즉 전쟁, 소요, 혁명 그리고 이른바 린치법률Lynchgesetz, 중세의 자력구제권과 결투권 및 이 중세적 권리의 잔재인 오늘날의 결투, 정당방위와 오늘날의 민사소송 등 이 모든 것은 다툼의 대상이나 투쟁의 방식과 형태 그리고 차원이 전혀 다름에도 불구하고 결국은 '권리를 위한 투쟁'이라는 동일한 각본에 따른 형식과 장면이 아니고 무엇이겠는가? 나는 이제 이 모든 형태의 투쟁 중 가장 무미건조한 형태에 해당하는 민사소송, 즉 소송 형태로 사적 권리를 둘러싸고 벌어지는 합법적 투쟁만을 고찰해보겠다. 내가 이 투쟁만 고찰하려는 것은 결코 이 투쟁이 우리 법률가들에게 가장 커다란 관심 대상이어서가 아니라 이 투쟁과 관련해 진상이 오해될 위험이 가장 크기 때문이다. 더욱이 일반인들뿐만 아니라 법률가들마저도 그러한 오해에 빠질 위험이 크다. 이 사법적 투쟁 이외의 다른 모든 형태의 투쟁의 진상은 너무나도 분명하게 드러나 있다. 이 투쟁들이 고도의 노력을 경주할 가치가 있는 재화를 둘러싸고 벌어진다는 사실은 매우 아둔한 자도 얼마든지 이해할 것이며, 어느 누구도 왜 양보하지 않고 투쟁하느냐고 묻지는 않을 것이다. 인간의 힘이 최고조로 발휘되고 고도의 희생이 펼쳐지는 이 장엄한 연극은 모든 이들의 마음을 꼼짝 못하게 사로잡으며, 이들로 하여금 고도의 이념적 평가의 차원에 도달하게 만든다. 이에 반해 사법적 투쟁에서는 사정이 다르다. 이 투쟁은 대개 상대적으로 사소한 이해관계, 즉 내 것과 네 것 문제를 둘러싸고 펼쳐진다. 그리하여 이 물음에 일단 집착하면 지루한 이야기가 펼쳐지고, 이로써 투쟁은 오로지 무미건조한 계산과 인생관의 영역으로 접어드는 것처럼 보인다. 그리고 이 투쟁이 벌어지는 형태도 기계적일 뿐이고, 한 인격이 자유롭고 활동적인 모습으로 등장하는 것은 애당초 배제되기 때문에 그와 같은 부정적 인상을 약화시키기에 썩 적합하지 않다. 물론 사법적 투쟁도 당사자가 직접 투쟁의 전선으로 나오도록 만들어서 투쟁의 진정한 의미가 뚜렷하게 드러나도록 만들었던 시절도 있었다. 칼이 내 것과 네 것을 둘러싼 투쟁을 결정했던 때, 중세의 기사들이 적에게 결투를 요구하는 서신을 보낼 때만 하더라도 투쟁에 직접 가담하지 않은 제3자들도 이 투쟁이 단순히 물건의 가치를 둘러싼 투쟁이거나 금전적 손실을 막기 위한 투쟁이 아니라 투쟁하는 인격이 자신과 자기 권리 및 명예를 관철하기 위한 것임을 알 수 있었다.

그러나 우리는 이미 오래 전에 사라진 상태를 다시 불러내 이 과거의 상태로부터 비록 형식은 다르지만 내용은 과거와 전혀 다를 바 없는 현재의 상태를 해석할 필요가 없다. 오늘날 우리의 삶에서 나타나는 현상들을 고찰해보고, 우리 자신의 심리를 스스로 관찰해보는 것만으로도 얼마든지 똑같은 해석을 할 수 있기 때문이다.

권리가 침해당하면 권리자는 과연 자기 권리를 주장하고 적대자에게 저항할 것인지, 즉 투쟁할 것인지 아니면 저항을 피하기 위해 권리를 짓밟힌 상태로 그냥 내버려둘 것인가라는 물음 앞에 서게 된다. 어느 누구도 그에게서 이에 관한 결정을 앗아갈 수는 없다. 어떤 식으로 결정이 내려지든 어느 경우에나 희생을 치르지 않을 수 없다. 만일 투쟁하는 쪽으로 결정하게 되면 권리를 위해 평화를 희생하게 되고, 그냥 내버려두기로 결정하게 되면 평화를 위해 권리를 희생하게 된다. 그러므로 이 물음은 다음과 같이 더욱 첨예하게 제기될 수도 있다. 즉 구체적 사건과 개인의 개별적 상태에 비추어 볼 때 과연 어떤 희생이 더 감내할 만한 희생인가라는 물음이 관건이 된다. 부자는 평화를 위해 자신에게는 별 의미가 없는 액수 때문에 다툼을 벌이는 것을 포기할 것이고, 가난한 자는 그 정도 액수도 비교적 큰 의미가 있을 것이기에 평화를 포기할 것이다. 이렇게 되면 권리를 위한 투쟁 문제는 순전히 계산서와 같은 것이 되어버려 이익과 손해를 서로 저울질해 그에 따라 결정이 내려지고 말 것이다.

그러나 현실은 결코 그렇지 않음을 모든 사람은 잘 알고 있을 것이다. 우리의 일상적 경험에 비추어 보더라도 다툼의 대상이 되는 목적물의 가치와 다툼에 소요될 것으로 예상되는 노력, 흥분, 비용이 전혀 비례하지 않는 소송이 참으로 많다. 자신의 돈 1탈러가 물에 빠졌을 때 이를 다시 건지기 위해 2탈러를 쓰는 사람은 없다. 1탈러를 건지기 위해 얼마나 많은 비용을 들일 것인지는 순전히 계산상의 문제이다. 그런데도 왜 소송에서는 그러한 계산을 하지 않는 걸까? 이 물음에 대해 소송에서 이겨 소송에 진 상대방에게 소송비용을 부담시키게 할 수 있을 것으로 예상하기 때문이라고 대답하지 않기 바란다. 누구나 알고 있듯이 상당수의 소송 당사자들은 승소를 위해 아주 비싼 대가를 치르게 되리라는 사실을 충분히 예상할 수 있는 경우에도 결코 소송을 단념하지 않는다. 당사자에게 사건이 불리하다는 점을 알려주면서, 소송을 하지 않는 게 바람직하다고 법률 자문을 해주었는데도 아무리 비용이 많이 들더라도 기어이 소송을 하겠다는 대답을 듣는 경우가 참으로 많다.

이해관계를 합리적으로 계산하는 관점에서는 도저히 납득할 수 없는 이러한 행동방식을 도대체 어떻게 설명할 수 있을까?

이 물음에 대해 흔히 들을 수 있는 대답은 잘 알려져 있다. 즉 소송중독이라는 고약한 해악, 싸움에서 쾌락을 느끼는 저급한 성격 또는 설령 소송이 비싼 대가를 치르고, 심지어 상대방보다 더 비싼 대가를 치를 것이 확실한데도 어떻게든 상대방인 적에게 고통을 주려고 하는 억제할 수 없는 충동 등이 원인이라고들 말한다.

이제 두 개인 간의 분쟁은 일단 제쳐두고 대신 양 당사자가 두 국가일 경우를 생각해보자. 한 국가가 다른 국가에게서 쓸모없는 황무지 1평방마일을 위법적으로 강탈했다고 치자. 땅을 뺏긴 국민은 전쟁을 시작해야 할까? 이 물음을 이웃이 몇 뼘의 자기 땅에 농작물을 심었거나 자기 논에 돌을 던진 것을 참지 못하는 어느 농부를 소송중독 이론이 판단하는 것과 똑같은 관점에서 고찰해보자. 이 1평방마일의 황무지는 과연 수천 명의 목숨을 앗아가고, 민가와 궁전에 근심과 곤궁을 몰고 올 것이며, 수백만 수천만 가지의 국보를 약탈당하고 어쩌면 국가의 존립 자체를 위협할지도 모를 전쟁과 비교한다면 도대체 어떤 의미가 있단 말인가! 그런 하찮은 대상 때문에 그렇게 엄청난 희생을 치르는 일은 얼마나 바보 같은 짓이란 말인가!

농부와 국가를 같은 잣대로 판단한다면 아마 그렇게 판단해야 할지 모른다. 그렇지만 어느 누구도 땅을 뺏긴 국가에 대해 농부에게와 똑같은 조언을 하려고 생각하지는 않을 것이다. 누구든지 그와 같은 권리침해에 대해 침묵하는 국민은 이미 자기 자신의 사형판결에 서명한 것과 마찬가지라고 느낄 것이다. 1평방마일의 땅을 빼앗겼는데도 그에 대해 어떤 응징도 하지 않는 국민은 어느 것도 자기들 것이라고 말할 수 없고, 더 이상 국가로 존립하지 못하게 될 때까지 나머지 모든 것마저 빼앗기게 될 것이다. 그런 국민은 그보다 더 나은 것을 받을 자격이 없다.

그러나 1평방마일의 땅을 빼앗긴 국민이 그 땅의 가치 따위는 묻지 않은 채 당연히 저항해야 한다면 농부라고 해서 몇 뼘의 땅 때문에 저항하지 말아야 할 이유가 어디 있는가? 아니면 그 농부에게 "주피터에게 허용되는 것이 소에게는 허용되지 않는 법이야*Quod licet Jovi, non licet bovi*"라는 격언을 말해주고 끝내야 할 것인가? 땅을 뺏긴 국민이 1평방미터의 땅 때문에 싸우는 것이 아니라 자신과 자신의 명예와 독립을 위해 싸우듯이, 소송 대상의 가치와 예상되는 비용과 여타의 희생 사이에 전혀 비례성이 없는 상태에서 이루어지는 소송에서도 중요한 것은 사소한 가치밖에 없는 분쟁 대상 자체가 아니라 오히려 이념적 목적이다. 그것은 바로 개인의 인격과 법감정을 관철한다는 이념적 목적이다. 이러한 목적에 비추어 볼 때는 권리자에게 소송을 하게 됨으로써 겪게 될 모든 희생과 불편함은 전혀 문제가 되지 않는다. 그는 이 목적에 도달할 수 있는 한 어떤 수단도 불사한다. 피해자가 소송을 제기하는 이유는 단순히 금전적 이해관계가 아니라 불법을 당해 느끼게 된 정신적 고통 때문이다. 즉 그저 빼앗긴 물건을 되찾는 것 — 소송의 동기를 확인하기 위해 조사해보면 자주 그렇듯이 애당초 그 물건을 빈민구제기관에 기증하려고 했을 수도 있다 — 이 아니라 자기 권리를 인정받는 것이 더 중요하다. 내면의 목소리가 그에게 결코 물러서서는 안 되고, 이건 별 가치도 없는 물건이 아니라 그의 인격과 법감정 그리고 자존심이 걸린 문제라고 말한다. 간단히 말해 권리를 침해당해 소송을 제기하는 사람에게는 단순한 이해관계 문제가 곧바로 자신의 인격과 관련된 문제로 변하게 된다.

 물론 경험적으로 보면 상당수 사람은 이 상황에서 정반대되는 결정을 내리기도 한다. 즉 힘들게 권리를 관철하기보다는 평화를 더 좋아하는 사람들이 있다. 이런 사람들을 어떤 식으로 판단해야 할까? 그런 것은 그저 개인의 취향이나 기질 문제이기 때문에 어떤 사람은 싸움을 즐기고, 또 어떤 사람은 평화롭기를 바란다고 말해야 할까? 법은 권리자가 자기 권리를 관철할 것인지 아니면 그냥 내버려 둘 것인지의 선택을 권리자 스스로에게 맡기기 때문에 법은 두 경우 모두 존중해야 마땅하다고 말해야 할까? 나는 우리의 일상 속에서 흔히 접하게 되는 이러한 견해는 극도로 비난받아야 하고, 법의 내재적 본질에 완전히 모순되는 견해라고 생각한다. 만일 이런 식의 견해가 일반적인 견해가 되는 상황이 온다면 법 자체가 파멸하고 말 것이다. 왜냐하면 법은 존립하기 위해 불법에 대한 강력한 저항을 강제하는 반면 이런 식의 견해는 불법으로부터 비겁하게 도망치라고 설교하기 때문이다. 나는 이 견해에 반대해 다음과 같이 말하고자 한다. 불법에 대한 저항은 의무이다. 이 의무는 권리자 자신에 대한 의무이다. 왜냐하면 이 저항은 도덕적인 자기보존 명령이기 때문이다. 또한 이 의무는 공동체에 대한 의무이기도 하다. 왜냐하면 불법에 대한 저항은 공동체 내에서 법이 관철되기 위한 보편적 저항이어야 하기 때문이다. 이제부터 이 말이 과연 무슨 의미인지를 자세히 설명하도록 하겠다.

권리를 위한 투쟁은 권리자의 자기 자신에 대한 의무이다.

자신의 존재를 주장하는 것은 모든 생명체의 지고의 법칙이다. 모든 피조물의 자기보존 본능에서 이 법칙이 드러난다. 하지만 인간에게는 단순한 육체적 생명뿐만 아니라 정신적 실존도 중요하며, 그러한 정신적 실존의 조건이 곧 권리이다. 권리를 통해 인간은 자신의 정신적 실존 조건을 보유하고 방어한다. 권리가 없다면 인간은 동물 단계로 전락하고 만다.3) 그렇기 때문에 로마인들은 추상적 권리의 관점에서는 노예를 동물과 같은 반열에 놓는 일관성을 발휘했던 것이다. 그러므로 권리의 주장은 정신적 자기보존의 의무이다. 권리를 완전히 포기하는 것은 — 오늘날에는 불가능하지만 예전에는 가능한 적이 있었다 — 정신적 자살이다. 법은 그저 개개의 제도들의 총합일 뿐이고 소유권이나 혼인 또는 계약이나 명예 등 각 제도는 나름의 정신적 실존 조건을 내용으로 삼고 있다. 이 제도 중 어느 하나를 포기하는 것은 법적으로 보면 전체 권리를 포기하는 것과 마찬가지로 완전히 불가능하다. 그렇지만 다른 사람이 이 실존 조건 중의 하나를 공격하는 것은 가능하며, 주체는 이 공격을 물리칠 의무가 있다. 왜냐하면 법을 통해 삶의 조건을 단순히 추상적으로 보장하는 것만으로는 충분하지 않으며, 삶의 조건은 반드시 주체에 의해 구체적으로 관철되어야만 하기 때문이다. 삶의 조건을 구체적으로 관철하게 되는 계기는 삶의 조건을 건드리려고 시도하는 타인의 자의^{恣意}에 의해 마련된다.

그러나 모든 불법이 자의, 즉 법의 이념에 대한 저항인 것은 아니다. 예를 들어 자신이 소유권자라고 착각하면서 내 물건을 점유하고 있는 자에게 내가 진정한 소유권자라고 주장하는 경우에도 그가 소유권 이념 자체를 부정하고 있는 것은 아니다.

오히려 그 또한 소유권 이념을 옹호한다. 그와 나 사이의 다툼은 단지 누가 소유권자인가에 관한 것일 뿐이다. 이에 반해 절도범과 강도범은 소유권이라는 법의 영역을 완전히 벗어나 나의 소유권을 부정하는 동시에 소유권 이념과 함께 나라는 인격의 본질적 실존 조건마저도 부정한다. 만일 절도범과 강도범의 행동방식을 보편적 행동방식이자 법의 준칙으로 여기게 된다면 소유권은 원칙적이고 실제적으로 부정되고 만다. 그렇기 때문에 절도범과 강도범의 행위는 단순히 내 물건에 대한 공격일 뿐만 아니라 동시에 나의 인격에 대한 공격이기도 하다. 그리고 나의 인격을 주장하고 관철하는 것이 나의 의무라는 원칙은 이 경우에도 타당하다. 다만 강도가 나에게 돈과 목숨 중 어느 하나를 선택하라고 강요하는 경우처럼 인격의 주장이라는 의무가 생명보존이라는 더 고차적인 의무와 갈등을 빚을 때만 인격 주장의 의무로부터 벗어나는 것이 정당화될 수 있다. 이 경우가 아닌 한 나의 인격과 관련된 권리를 무시하는 행위에 대해 내게 주어진 모든 수단을 동원해 투쟁하는 것은 곧 나의 의무이다. 만일 그러한 행위를 용납한다면 나는 일시적으로 나의 삶에 무법 상태를 유발하게 된다. 어느 누구도 불법 상태를 유발한 자에게 먼저 손을 내밀어 화해를 시도해서는 안 된다. 이와는 달리 나의 물건을 선의로 점유하고 있는 사람에 대해 나는 전혀 다른 상황에 놓여 있다. 이 경우 내가 무엇을 해야 할지의 문제는 결코 나의 법감정과 성격 그리고 인격 문제가 아니라 순전히 이해관계에 관련된 문제일 뿐이다. 왜냐하면 이 경우 내게 중요한 것은 오로지 물건의 가치일 뿐이기 때문이다. 그리고 내가 얻게 될 이익과 투입해야 할 노력 그리고 어떤 결과가 나올 수 있는지를 비교한 이후 소송을 제기하기로 결정하든 아니면 소송을 피하고 화해를 하기로 결정하든 어느 것이나 완전한 정당성을 갖는다. 화해는 양측의 확률 계산이 서로 일치하는 지점으로서, 내가 여기서 전제하는 조건하에서는 분쟁을 해결하는 가장 올바른 방법이다. 그런데도 화해에 도달하기가 몹시 어렵고, 심지어 양 당사자가 아예 처음부터 화해를 위한 협상을 거부하는 경우가 많은 이유는 양측의 확률 계산이 서로 일치하기에는 너무 동떨어져 있어서가 아니라 분쟁 당사자 각자가 상대방이 자신에게 의도적으로 불법을 행하는 사악한 의도를 갖고 있다고 생각하기 때문이다. 따라서 이 문제가 소송상으로는 객관적 불법이라는 형태(소유물반환소송 revindicatio)로 다루어진다고 할지라도 심리적으로는 당사자에게 의도적으로 권리를 침해한 경우와 똑같은 형태를 취하게 된다. 그리하여 주체의 관점에서는 절도범에 저항하는 것과 마찬가지로 이 경우에도 자기 권리에 대한 침해를 단호하게 거부하는 완강한 태도를 견지하려는 심리적 동기를 갖게 되고 도덕적으로도 정당하다고 여기게 된다. 이 경우 당사자에게 소송을 위해 소요되는 경비와 여타의 결과 그리고 승소의 불확실성을 지적하면서 소송하지 않도록 겁주는 행위는 당사자의 심리를 제대로 파악하지 못하는 일이다. 왜냐하면 당사자에게 이 문제는 이해관계의 문제가 아니라 법감정의 문제이기 때문이다. 당사자를 움직이는 데 성공할 수 있는 유일한 방법은 당사자가 소송까지 생각하게 된 원인으로 작용한, 상대방의 악한 의도를 문제 삼는 것이다. 즉 상대방이 전혀 악한 의도를 갖지 않았다고 설득하는 데 성공하면 당사자가 지녔던 반감은 상당부분 누그러뜨려지고, 그렇게 되면 사건을 이해관계의 관점에서 고찰해 화해에 도달할 수도 있게 된다. 당사자가 가진 편견으로 인해 온갖 노력을 기울여도 계속 완강한 저항에 부딪히게 되는 경우가 얼마나 많은지를 여기 모인 여러분보다 더 잘 알고 있는 사람은 없을 것이다. 그렇기 때문에 이러한 심리적 약점과 끈질긴 불신이 개인의 우연적 성격에 따른, 순전히 개인적인 문제가 아니라 교육 수준이나 직업과 관련된 일반적 차이가 중요한 요인으로 작용한다고 내가 여기서 주장한다면 아마 여러분도 동의할 것이다. 특히 농부들의 불신을 극복하기가 가장 어렵다. 흔히 농부들을 비난하는 근거가 되는 이른바 소송중독은 바로 농부들의 특징인 두 가지 요인의 산물이다. 하나는 강력한 소유감각 ― 이를 탐욕이라고 할 수는 없다 ― 이고, 다른 하나는 불신이다. 농부들처럼 자신의 이해관계를 정확히 파악하고, 자신이 가진 것을 완강하게 고수하는 사람은 없다. 그리고 잘 알려져 있듯이 농부들만큼 경솔하게 소송 때문에 재산을 날려버리는 사람도 없다. 이는 얼핏 보기에는 모순이지만 실제로는 얼마든지 설명할 수 있는 일이다. 왜냐하면 농부들의 강한 소유감각은 그것이 침해당하면 훨씬 더 민감한 고통을 느끼게 만들며, 그래서 더욱 격렬한 반응을 보이게 만들기 때문이다. 농부들의 소송중독은 불신에 의해 야기된, 소유감각의 혼란일 따름이다. 이 혼란은 사랑할 때도 비슷하게 나타난다. 즉 질투심이 극에 달하면 원래 질투심을 일으켜 다시 찾으려고 했던 것마저 결과적으로는 파괴해버리는 일이 벌어진다.

내가 방금 이야기한 내용을 확인해주는 흥미로운 사례를 고대 로마법이 제시해준다. 고대 로마법에서는 권리의 갈등이 발생할 때는 언제나 상대방의 사악한 의도를 끄집어내려는 농부의 불신을 하나의 원칙적 법규 형태로 만들어놓았다. 즉 로마법은 권리갈등이 발생한 경우에는 언제나, 심지어 분쟁의 양 당사자 모두가 선의를 갖고 있다고 볼 수 있는 경우에조차도 패소한 자에게 형벌을 부과했다. 자극을 받은 법감정은 그저 권리가 다시 회복되는 것만으로는 결코 만족하지 못하고, 상대방이 ― 책임이 있든 없든 ― 자기 권리를 건드렸다는 사실 자체에 대해 별도의 보상이 이루어질 것을 요구했다.[4] 오늘날의 농부들이 법을 만들 수만 있다면 아마도 고대 로마의 농부들과 똑같은 법을 만들 것이다. 그렇지만 고대 로마에서도 이미 두 가지 방식의 불법을 구별함으로써 법에서의 불신을 문명을 통해 극복하게 되었다. 즉 과책이 있는 불법과 과책이 없는 불법 또는 주관적 불법과 객관적 불법(헤겔은 객관적 불법을 '편견 없는unbefangen' 불법이라고 부른다)을 구별했다.

주관적 불법과 객관적 불법의 구별은 입법과 학문의 측면에서 극히 중요한 구별이다. 이 구별은 법이 세상사를 바라보는 방식을 표현하며, 불법이 야기하는 결과를 정당화한다. 그렇지만 주체가 갖는 생각, 즉 주체가 불법의 자극을 받아 갖게 되는 법감정 — 법감정이 추상적 개념의 체계에 의해 요동칠 리는 만무하다 — 의 방식과 관련해서는 주관적 불법과 객관적 불법의 구별은 아무 소용이 없다. 구체적 사례에서는 법률에 따르면 객관적 권리침해의 관점에 해당하는 법적 갈등인데도 정작 권리자는 상대방이 사악한 의도를 갖고 의식적으로 불법을 저질렀다고 판단하면서 이러한 판단이 상대방에 대한 행동에 결정적 요인이 되는 상황이 발생할 수 있다. 예를 들어 나의 채무자의 상속인이 채무의 존재를 전혀 알지 못해 이를 입증하라고 요구하는 경우 법은 나에게 돈을 빌려갔다는 사실을 부정하거나 반환을 거부하는 뻔뻔한 채무자에 대해서와 마찬가지로 상속인에 대해서도 대금반환청구소권condictio ex mutuo을 부여한다. 하지만 나는 얼마든지 이 두 사람의 행동방식을 다르게 파악해서 나의 행동방식을 다르게 결정할 수 있다. 나에게는 채무자 역시 절도범처럼 의도적으로 나의 것을 빼앗으려고 한다는 점에서 매한가지고, 그것은 곧 법에 저항하는 자의일 뿐이다. 다만 돈을 갚지 않으려는 채무자의 자의는 합법적 외양을 갖출 수 있는 능력을 갖고 있다는 점에서만 다를 뿐이다. 이에 반해 채무자의 상속인은 나의 물건을 선의로 점유하고 있는 사람과 비슷하다. 즉 상속인은 채무자가 돈을 갚아야 한다는 사실을 부정하지 않으며, 단지 자신이 채무자라는 주장을 부정할 뿐이다. 따라서 내가 앞에서 선의의 점유자에 관해 이야기한 내용은 상속인에게도 해당된다. 나는 소송을 제기하지 않고 상속인과 화해할 수도 있다. 그러나 채무자에 대해서는 어떤 대가를 치르더라도 나의 권리를 끝까지 추구해야만 한다. 만일 그렇게 하지 않으면 나는 단순히 이 권리 하나만 포기하는 것이 아니라 내가 가진 권리 전체를 포기하는 것이 된다.

지금까지의 서술에 대해 당연히 반론을 제기하리라고 예상한다. 즉 국민들이 소유권이나 채권을 한 인격의 윤리적 실존 조건으로 알고 있을 리가 만무하다고 반론을 제기할 것이다. 알고 있다고? 전혀! 그렇지만 국민들이 그렇게 느끼는지는 완전히 별개의 문제이다. 나는 국민들이 알지는 못하지만 느낄 수는 있다는 사실을 증명할 수 있기 바란다. 과연 국민들은 육체적 삶의 조건인 신장, 폐, 간에 대해 무엇을 알고 있을까? 아마 거의 아는 바가 없을 것이다. 그런데도 누구나 폐를 찌르는 통증이나 신장과 간의 통증을 느끼고, 이런 증상이 자신을 향한 경고라고 이해한다. 육체적 통증은 장기에 무언가 이상이 있고, 무언가가 장기에 좋지 못한 영향을 미치고 있다는 신호이다. 그래서 통증은 우리에게 위험이 닥치고 있다는 사실을 깨닫게 해주고, 통증으로 인한 고통을 통해 이에 대해 제때 대처하는 방법을 찾도록 만든다. 의도적인 불법과 자의가 야기하는 정신적 고통 역시 이와 다를 게 없다. 육체적 고통과 마찬가지로 정신적 고통도 각자의 민감한 정도와 권리침해의 형태나 대상에 따라 강도가 다르겠지만 ─ 이 점에 대해서는 나중에 더 자세히 설명하겠다 ─ 감각이 완전히 무뎌져 권리가 없는 상태에 사실상 익숙해져버린 사람이 아닌 한 누구나 정신적 통증을 느끼고, 통증의 원인을 퇴치할 방법을 강구하게 될 것이다. 물론 그저 통증이라는 감각 자체를 없애기 위해서가 아니라 그저 참기만 하고 있으면 위협받게 될 건강을 유지하기 위해서이다. 따라서 권리침해로 인한 정신적 통증은 육체적 통증이 물리적 자기보존과 관련해 제기하는 것과 똑같이 정신적 자기보존 의무에 대한 경고이다. 명예훼손이라는 전혀 의심의 여지가 없는 사례 그리고 명예감정이 가장 민감하게 형성되어 있는 신분집단인 장교들을 예로 들어보자. 명예훼손을 꾹 참고만 있는 장교는 더 이상 장교가 아니다. 왜 그럴까? 자신의 명예를 주장하는 것은 모든 사람의 의무인데, 왜 장교들은 이 의무의 이행을 유독 더 강하게 강조할까? 이유는 장교들이 다음과 같은 올바른 감정을 갖고 있기 때문이다. 즉 장교들에게 인격을 용감하게 주장하는 일은 그들의 존립 자체를 위해 필수불가결한 전제조건이고, 본질적으로 인격적 용기를 구현해야 하는 신분집단은 구성원 중 누군가가 비겁함을 보이면 그것은 곧 신분집단 자체를 포기하는 것으로 여기기에 결코 용납하지 않는다. 이에 반해 자신의 재산을 집요하게 지키려는 농부들은 왜 명예와 관련해서는 그렇게 집요한 태도를 보이지 않을까? 이유는 농부들도 나름의 실존 조건에 대한 올바른 감정을 갖고 있기 때문이다. 농부라는 직업에서는 용기가 아니라 노동이 중요하고, 재산이야말로 지금껏 힘써 일한 결과를 보여주는 결정체이기 때문이다. 자기 땅을 제대로 경작하지 않거나 가진 것을 경솔하게 탕진하는 농부는 명예를 지키지 않은 장교가 동료 장교들의 멸시를 받는 것과 마찬가지로 다른 농부들의 멸시를 받는다. 이에 반해 어떤 농부도 다른 농부가 모욕당하고 나서도 주먹다툼을 벌이거나 소송을 시작하지 않았다고 해서 비난하지는 않으며, 어떤 장교도 다른 장교가 손님 접대를 잘하지 못했다고 비난하지는 않는다. 농부에게 경작하는 땅과 키우는 가축은 그의 실존 자체의 토대이며, 자기 땅 몇 뼘을 망가뜨린 이웃이나 자기가 판 소 값을 주지 않는 장사꾼에 대해서는 그의 방식대로, 즉 엄청난 격정에 사로잡힌 소송이라는 형태로 권리를 위한 투쟁을 전개한다. 이 투쟁은 장교가 손에 칼을 쥐고 하는 투쟁과 하등 다를 게 없다. 권리를 위한 투쟁에서 농부든 장교든 물불을 가리지 않으며, 결과 따위는 전혀 안중에도 없다. 이들은 그렇게 해야만 한다. 왜냐하면 이들은 이 맹목적인 투쟁을 통해 오로지 자신의 정신적 실존 조건의 고유한 법칙에 따르는 것일 뿐이기 때문이다. 이들을 배심원석에 앉혀 놓고, 장교에게는 소유권 침해에 대해, 농부에게는 명예훼손에 대해 재판하게 하고 다음에는 이 역할을 바꾸어 장교에게 명예훼손에 대해, 농부에게 소유권 침해에 대해 재판하게 한다면 각 경우마다 판결은 전혀 다르게 내려질 것이다! 재산 범죄에 대해서는 농부들보다 더 가혹한 재판관이 없다는 점은 잘 알려져 있다. 물론 내가 직접 경험해보지는 못했지만 어떤 농부가 명예훼손으로 소를 제기하는 매우 드문 사건을 담당하는 판사가 이 농부에게 화해를 제안하면 이 농부가 소유권 때문에 소를 제기하는 경우와는 비교도 안 될 정도로 간단하게 사건을 처리할 수 있을 것이라고 생각한다. 내기를 걸어도 좋다! 고대 로마의 농부들은 뺨을 맞으면 25아스를 받는 걸 선호했고, 누군가 한쪽 눈을 멍들게 만들면 법적으로는 상대방의 한쪽 눈을 멍들게 만들 수 있었는데도 대개는 상대방과 대화를 거쳐 화해를 했다. 이에 반해 자기 물건을 훔치다가 잡힌 도둑은 노예로 삼고, 만일 이에 대해 저항하면 때려죽일 수 있는 권리를 법률에 대해 요구했고, 법률도 이를 허용했다.

세 번째 신분집단으로 상인을 추가해 설명해보자. 장교에게는 명예가, 농부에게는 재산이 생명이라면 상인에게는 신용이 생명이다. 상인에게 신용을 지키는 일은 생사가 걸린 문제이며, 누군가 상인에게 채무를 제대로 이행하지 않는다고 비난하면 자신을 인격적으로 모독하거나 자신의 물건을 훔치는 것보다 훨씬 더 민감하게 반응한다. 이에 반해 채권자가 돈을 갚는 날을 기다리고 있다는 이유로 장교가 고통 받지는 않으며, 충분히 갚을 돈이 있지만 최대한 나중에 갚겠다고 생각하는 농부도 그것 때문에 고통 받지는 않는다. 최근에 제정된 법전들이 경솔하거나 사기를 통해 파산을 야기하는 범죄 행위를 점차 상인 또는 상인에 유사한 사람에게만 국한시키는 것은 상인의 독특한 지위를 감안한 탓이다.

내가 방금 한 이 설명의 목적은 법감정이 신분과 직업의 차이에 따라 서로 다른 방식으로 자극받고, 그래서 권리침해의 민감성은 전적으로 신분의 이해관계를 기준으로 측정된다는 단순한 사실을 재차 확인하려는 것이 아니라 이 사실에 기초해 훨씬 더 중요한 의미를 갖는 진실을 분명하게 밝히려는 데 있다. 이 진실을 한 문장으로 말한다면, 모든 권리자는 권리를 통해 자신의 윤리적 삶의 조건을 방어한다는 사실이다. 다시 말해 앞서 언급한 세 가지 신분과 관련해 우리가 각 신분집단의 특수한 삶의 조건으로 인식했던 바로 그 지점에서 법감정이 가장 민감하게 자극받는다는 사정에 비추어 볼 때 법감정의 반응은 통상의 충동적 반응처럼 기질이나 성격과 같은 개인적 요소에 의해서만 좌우되는 것이 아니라 윤리적 요소도 함께 작용한다는 것을 알 수 있다. 즉 특정 신분이나 개인의 특수한 삶의 목적을 위해 특정한 법제도가 필수불가결하다는 법감정이 함께 작용한다. 내가 보기에 권리침해에 대해 법감정이 반응하는 에너지의 정도는 개인, 신분집단 또는 국민이 권리 자체 및 개별 권리가 자신과 자신의 특수한 삶의 목적과 관련해 어느 정도로 중요한 의미를 갖는다고 느끼는지를 가늠할 수 있는 확실한 잣대가 된다. 나에게 이 사실은 공법과 사법 모두에 해당되는 보편적 진리이다.5)

신분과 계급의 특수한 조건이 특정한 법제도에 더 높은 의미를 부여하고, 그에 따라 법제도의 침해에 대해 법감정이 더욱 예민하게 반응할 수 있듯이, 거꾸로 신분과 계급의 특수한 조건 때문에 법제도의 의미와 법감정의 반응이 약화될 수도 있다. 즉 타인에게 봉사하는 계급은 사회의 다른 계층과 같은 방식으로 자신의 명예를 지키거나 형성할 수 없다. 이 계급의 지위는 일정한 굴종을 수반하고, 신분 스스로 이러한 굴종을 감수하는 한 특정 개인이 굴종을 거부하는 것은 불가능하다. 만일 어떤 개인이 이 신분에 속하면서도 강한 명예감을 갖고 있다면 그는 자신과 같은 신분에 속하는 사람들과 같은 정도로 요구 수준을 낮추거나 아니면 직업을 포기하는 것 말고는 다른 방법이 없다. 오로지 자신처럼 느끼는 것이 일반화될 때만 개인은 쓸데없는 투쟁에 힘을 소진하는 것이 아니라 같은 생각을 가진 사람들과 연대해 신분적 명예의 수준을 향상시키기 위해 힘을 유용하게 사용할 수 있다. 여기서 내가 말하는 명예감정은 단순한 주관적 명예감정이 아니라 사회의 다른 계급들과 입법에 의해 객관적 승인을 얻은 명예감정을 뜻한다. 지난 50년 동안의 사회발전은 이 방향으로 상당한 진보를 이룩해냈다. 약 150년 전과 비교해보면 사회의 거의 모든 하위 신분계층에서 이러한 진보가 이루어졌음을 확인할 수 있다. 이들 계층의 명예감정이 상승한 것은 전적으로 이들의 법적 지위가 확보된 결과이자 그 표현이다.

내가 앞서 명예에 관해 설명한 내용은 소유권에도 해당된다. 즉 소유권과 관련된 민감성, 즉 정당한 소유감각 ― 나는 이것을 소유욕, 즉 금전이나 재화에 대한 탐욕이 아니라 소유권자의 당당한 감각으로 이해한다. 이런 소유권자의 전형적 대표자는 앞서 말한 농부로, 이들 소유권자는 자신의 것이 가치 있는 대상이어서가 아니라 오로지 자기 것이라는 이유만으로 소유권을 방어한다 ― 도 명예의 경우와 마찬가지이다. 물론 소유감각도 어떤 집단에서는 어떤 불건전한 상태와 상황의 영향을 받아 약화될 수 있다. 특히 우리가 살고 있는 이곳에서 이에 관한 최상의 증거를 찾아볼 수 있다. 즉 나는 많은 사람으로부터 소유하고 있는 물건이 나의 인격과 무슨 상관이냐는 이야기를 자주 듣는다. 물건은 단지 생계와 취득 그리고 향유 수단으로 이용될 뿐이며, 많은 돈을 버는 것이 윤리적 의무가 아니듯 사소한 일 때문에 많은 돈이 들고 편안한 기분을 상하게 만드는 소송을 시작할 필요가 없다는 것이다. 그리하여 나의 재산을 법적으로 주장할 때 지침이 되어야 하는 유일한 동기는 내가 재산을 취득하고 사용할 때 나를 규정하는 동기와 똑같은 것이라고 한다. 이 유일한 동기란 나의 이해관계이며, 내 것과 네 것을 둘러싼 소송은 순전히 이해관계 문제라는 것이다.

소유권에 관한 그런 식의 견해를 나는 건전한 소유감각의 변질이라고 볼 수밖에 없으며, 그 원인은 전적으로 소유권과 관련된 당연한 상태가 바뀐 탓이라고 생각한다. 나는 이러한 변질이 부와 사치에 기인한다고 보지 않으며 ― 부와 사치는 국민의 권리감각에 대한 위협이 아니다 ― 그보다는 소유권 취득의 비윤리성 때문이라고 생각한다. 소유권의 역사적 원천과 정당성의 근거는 노동이다. 내가 말하는 노동은 육체노동뿐만 아니라 정신과 재능으로 하는 노동도 포함한다. 그리고 나는 노동자 본인뿐만 아니라 그의 상속자에 대해서도 노동의 산물에 대한 권리를 인정하고자 한다. 즉 상속법이 노동을 통한 소유라는 원칙의 필연적 결과라고 생각한다. 왜냐하면 노동하는 사람에게 성과를 스스로 향유하지 못하게 막을 수 없고, 또한 그가 죽은 이후 다른 사람이 그가 살았을 때와 같이 노동의 성과를 향유하도록 증여하는 것을 가로 막아서는 안 된다고 생각하기 때문이다. 소유권은 노동과 지속적으로 결합되어 있을 때만 신선하고 건전하게 유지될 수 있으며, 소유권이 끝없이 새롭게 솟아나는 원천인 노동을 통해서만 비로소 소유권이 인간에 대해 가진 의미가 그대로 드러나고, 그럴 때만 소유권은 바닥까지 투명하게 모습을 드러낸다. 그러나 소유권이 노동으로부터 갈수록 멀어지고, 아주 간단히 또는 아무런 노력도 하지 않고 얻을 수 있는 영역으로 접어들수록 소유권의 물줄기는 갈수록 흐려지고 마침내는 증권투기와 주식사기 같은 진흙탕에 빠져 이 물줄기가 맨 처음 시작된 원천이던 노동은 흔적을 감추고 만다. 소유권의 윤리적 이념의 잔재마저 완전히 사라진 곳에서는 당연히 소유권을 지켜야 할 윤리적 의무감에 대해서도 더 이상 말하기 어렵다. 이렇게 되면 얼굴에 땀을 흘려가며 생계를 꾸려야 하는 모든 사람의 마음속에 살아있는 소유감각을 전혀 이해하지 못하는 상태가 된다. 이와 관련해 가장 문제가 되는 점은 소유와 노동이 분리되면서 형성된 삶의 분위기와 습관이 다른 사람과 접촉하지 않고서는 그와 같은 분위기와 습관을 자발적으로 체득하지 못하는 집단에게까지 점차 확산되고 있는 유감스러운 사실이다.6) 증권투기로 번 일확천금의 영향은 평범한 사람들도 충분히 감지할 수 있으며, 다른 환경에 옮겨놓으면 얼마든지 자기 노동을 통해 획득한 소유가 얼마나 커다란 축복인지를 직접 체험할 수 있을 사람마저도 그와 같은 분위기가 조장하는 불안감과 압박감 속에서 노동을 저주로 느끼게 된다. 그렇기 때문에 공산주의는 소유권 관념이 완전히 사라져버린 늪 속에서나 번성할 수 있으며, 이 이념의 원천인 노동을 감안한다면 공산주의는 있을 수 없다. 소유권에 대해 지배계층이 갖고 있는 사고방식은 이 계층에만 국한되는 것이 아니라 사회의 다른 계층에게까지 전파된다는 경험은 농촌에서는 이와 정반대되는 방향으로 똑같이 반복된다. 즉 오랫동안 시골에 살면서 농부들과의 접촉을 완전히 끊고 사는 사람이 아니라면 설령 농부들의 생활방식이나 인격을 결코 달갑게 여기지 않을지라도 자연스럽게 농부들의 소유감각과 절약 정신을 체득하게 된다. 따라서 완전히 똑같은 상황에 놓인 보통사람이 농촌에 살게 되면 농부처럼 근검절약하고, 빈 같은 도시에 살게 되면 백만장자처럼 사치를 하게 된다.

대상이 갖는 가치 때문에 저항하도록 심정을 자극하지 않는 한 그저 편안함을 위해 권리를 위한 투쟁을 포기해버리는 안일하기 짝이 없는 심정이 도대체 어디에서 연유하는지는 차치하고 중요한 것은 오로지 그러한 안일한 심정을 분명하게 인식하고, 이를 있는 그대로 지적하는 일이다. 만일 어떤 삶의 철학이 그러한 안일한 심정을 설교한다면 그런 철학은 비겁함을 찬양하는 정치와 하등 다를 바 없지 않을까? 전쟁터에서 도망가는 비겁한 자는 다른 사람들은 희생하는 목숨을 구할 수 있을지 몰라도 이를 위해 명예를 잃는 대가를 치러야 한다. 이 비겁한 자의 행동이 자신과 공동체에 치명적인 결과를 발생시키지 않는 것은 오직 다른 사람들이 계속 견뎌내기 때문이다. 만일 모든 사람이 그렇게 행동할 생각을 하면 모두가 몰락하는 결과를 낳을 것이다. 이는 권리를 비겁하게 포기하는 경우도 마찬가지이다. 권리를 포기하는 비겁한 자 한 사람의 행동이 보편적 행위 원리가 되어버린다면 권리 자체가 몰락한다. 이 경우에도 권리를 포기하는 어떤 개인의 행동이 별다른 해악으로 여겨지지 않는 이유는, 권리를 위한 투쟁이 전반적으로 볼 때 그와 같은 개별 행동으로부터 별로 영향을 받지 않기 때문이다. 왜냐하면 권리를 위한 투쟁은 단순히 하나하나의 개인의 문제일 뿐만 아니라 발전된 형태의 국가에서는 국가권력 자체도 광범위하게 이 투쟁에 참여하기 때문이다. 즉 국가권력 자체가 생명, 인격, 재산 등의 개인적 권리에 가해지는 중대 범죄들을 형사법정에서 심판받도록 한다. 또한 경찰과 법관은 개별 권리 주체들이 권리를 위해 투쟁하는 데 기울여야 할 노동의 상당부분을 미리 덜어준다. 또한 권리침해를 국가권력이 소추할 것인지 여부를 전적으로 개인에게 맡겨놓은 경우에도 투쟁이 결코 쉽게 끝나지 않도록 만들어놓았다. 왜냐하면 모든 사람이 비겁한 자의 정치를 따르지 않을뿐더러, 비겁한 자들마저도 최소한 투쟁 대상의 가치가 아주 높아 안락함을 포기할 정도일 때는 투쟁하는 자의 대열에 발을 들여놓기 때문이다. 개인이 경찰과 형사사법의 도움을 전혀 받지 못하는 상황을 생각해보자. 그렇게 되면 우리는 고대 로마에서와 같이 절도범이나 강도를 잡아 벌을 주는 일이 전적으로 피해자 몫이 되는 상황에 처하게 된다. 이 경우 권리를 포기하는 일이 어떤 결과를 빚을지를 누가 모르겠는가? 절도와 강도들의 기를 더욱 살려주는 것 말고 다른 무슨 결과가 생기겠는가? 한 민족의 삶도 이와 전혀 다르지 않다. 왜냐하면 이 경우에도 각 민족은 오로지 자신밖에는 의지할 곳이 없으며, 어떤 상위의 권력이 있어 한 민족의 권리를 관철하는 일을 대신해주지 않기 때문이다. 앞서 예로 든 1평방마일의 땅을 생각해보라. 이 예는 과연 다툼의 대상이 가진 물질적 가치에 따라 불법에 대해 저항할 것인지의 여부를 판단하려는 인생관이 한 민족의 삶에 어떤 의미를 갖는지를 여실히 보여준다. 만일 그러한 인생관을 실천해보려고 실험해본다면 그것은 필연적으로 권리의 해체와 말살이라는, 완전히 말도 안 되는 인생관으로 판명날 것이다. 설령 예외적으로 다른 유리한 상황으로 인해 치명적 결과가 발생하지 않는 경우일지라도 이 인생관을 올바른 인생관이라고 부르는 것은 절대 불가능하다. 나는 아래서 이런 식의 인생관 자체가 비교적 유리한 상황에서조차도 치명적이고 파멸적인 영향을 미친다는 사실을 입증하도록 하겠다.

우리는 이 무사안일의 도덕을 배격해야 한다. 건전한 법감정을 가진 어떤 민족, 어떤 개인도 그 따위의 도덕을 가진 적이 없다. 이 도덕은 병적이고, 마비된 법감정의 징표이자 산물이며, 법의 영역에 있는 노골적이고 적나라한 물질주의일 뿐이다. 물론 물질주의도 법의 영역에서 충분히 타당성을 갖지만 거기에는 한계가 있다. 권리 취득, 권리의 사용과 관철은 순수한 객관적 불법의 경우에는 전적으로 이익 문제이다. 권리 자체는 내 자신의 개념 정의[7])에 따르면 법적으로 보호되는 이익이다. 그렇지만 권리에 반하는 짓을 하는 자의恣意와 관련해서는 물질주의적 고찰 방식은 타당성이 없다. 왜냐하면 자의가 권리에 가하는 공격은 그와 동시에 인격에 대한 공격이기도 하기 때문이다.

어떤 물건이 권리의 대상인지는 중요하지 않다. 어떤 물건이 우연히 나의 수중에 들어왔다면 그것을 다시 빼앗아간다 한들 내가 그로부터 침해를 당하지는 않을 것이다. 그러나 우연이 아니라 나의 의지가 물건과 나 사이의 끈을 묶어주었고, 나 자신 또는 타인의 노동의 대가로 이 의지가 형성되었다면 내가 그 물건을 소유하고 주장하는 것은 곧 나 또는 타인의 노동과 과거의 시간의 한 부분을 주장하고 소유하는 것이다. 나의 것으로 만들게 됨으로써 나는 물건에 나의 인격의 도장을 찍는 셈이다. 따라서 나의 물건을 건드리는 것은 곧 나의 인격을 건드리는 것이고, 물건에 대한 공격은 곧 그 물건 속에 내재한 나 자신을 공격하는 것이다. 이 점에서 소유권이란 나의 인격이 물질적으로 확장된 주변 영역일 따름이다.

권리와 인격 사이의 이러한 연관성은 모든 종류의 권리에 대해 어떤 것과도 비교할 수 없는 가치를 부여한다. 이러한 가치를 나는 이익의 관점에서 권리가 가진 순수한 물질적 가치와는 반대되는 관념적 가치라고 부르겠다. 앞서 서술했듯이 권리를 주장할 때의 헌신과 에너지는 그러한 이념적 가치로부터 나온다. 권리에 관한 이러한 관념적 견해는 결코 고결한 성품을 갖고 태어난 자들의 특권을 형성하는 것이 아니라 천박한 사람이든 교양이 넘치는 사람이든, 부자든 가난한 자든, 야만적인 원시민족이든 문명화된 민족이든 누구나 알 수 있는 견해이다. 바로 이 점에서 이와 같은 관념론이 얼마나 법의 가장 근원적인 본질에 기초하고 있는지가 확실하게 드러난다. 그것은 곧 건강한 법감정이다. 이렇게 해서 인간을 이기주의와 잇속 같은 낮은 영역으로 끌어내리기만 하는 것 같던 권리가 이제는 인간을 고도의 이념 차원으로 올라서게 만든다. 이 차원에서 인간은 그가 저 아래서 배운 모든 계략과 계산, 모든 것을 가늠하는 유용성이라는 잣대를 잊어버리고, 오로지 하나의 이념을 실현하기 위해 전념하게 된다. 저 낮은 곳에서는 산문에 불과했던 권리가 권리를 위해 투쟁하는 이 높은 곳에서는 시가 된다. 왜냐하면 권리를 위한 투쟁은 실제로는 인격이 써내려가는 시이기 때문이다.

그렇다면 무엇이 이 모든 기적을 행하는가? 그것은 지식이나 교양이 아니라 단순한 고통의 감정이다. 고통이란 위협당하는 존재가 외치는 절규이자 구해달라는 외침이다. 이 점은 앞서 설명했듯이 정신적 유기체와 물리적 유기체 모두에 해당되는 이야기이다. 즉 의사에게 인체의 병리학에 해당하는 것이 법률가와 법철학자에게는 법감정의 병리학이다. 더욱 정확하게 말하자면 법률가와 법철학자에게 이 병리학이 중요하게 여겨져야 한다. 이미 중요하게 여겨지고 있다고는 결코 말할 수 없기 때문이다. 하지만 실제로 법의 모든 비밀은 이 법감정의 병리학에 담겨져 있다. 인간이 자기 권리가 침해될 때 느끼는 고통은 권리가 자신에게 어떤 의미를 갖는지에 대해 외부의 강압에 의해 본능적으로 자백하는 내용을 담고 있다. 즉 그러한 고통 속에서 권리가 개인으로서의 자기 자신에게 어떤 의미를 갖는지, 다음에는 인간 사회에 어떤 의미를 갖는지에 대해 생각하지 않을 수 없게 된다. 이 짧은 순간의 격정과 감정의 형태 속에서는 백 년 동안 아무런 방해도 받지 않고 권리를 향유할 때보다 훨씬 더 강력하게 권리의 의미와 권리의 진정한 본질이 표출된다.

자기 스스로 이러한 고통을 겪거나 다른 사람의 고통을 경험해 보지 않은 사람은 설령 로마법대전을 모두 외우고 있다 할지라도 권리가 무엇인지를 알지 못한다. 이성이 아니라 감정만이 이 물음에 대해 답을 줄 수 있을 뿐이다. 그렇기 때문에 모든 권리의 심리학적 원천을 '법감정'이라는 말로 표현한 것은 매우 타당한 일이다. 이에 반해 법의식, 법적 확신 등의 표현은 학문에 의한 추상화의 소산으로, 일반 국민은 이 표현을 알지 못한다. 법(권리)의 힘은 사랑과 똑같이 감정에 근거한다. 이성이 있지도 않은 감정을 대체할 수 없다. 마치 사랑인줄도 모르다가 어느 한순간 강렬한 사랑임을 의식하는 경우가 자주 있듯이 법감정도 아무런 감정의 손상이 없는 상태에서는 이 감정이 무엇이고 그 속에 무엇이 있는지를 전혀 모른다. 그러다가 권리가 침해되면 비로소 무언가 말하지 않을 수 없고, 진실을 밝히며 힘을 드러내지 않을 수 없도록 만든다. 그 진실이 무엇인지에 대해서는 이미 앞에서 설명했다. 즉 권리는 인격의 정신적 실존 조건이며, 권리를 주장하는 일은 인격의 고유한 정신적 자기보존이다.

법감정이 이에 대한 침해에 대항해 얼마만큼 격정적이고 지속적으로 반응하는가는 법감정이 얼마나 건강한지를 판단할 수 있는 시금석이다. 그것은 단순한 고통의 느낌이 아니다. 고통의 정도는 위협받는 재화에 대해 법감정이 어느 정도의 가치를 부여하는지를 알려줄 수 있을 뿐이다. 문제는 고통을 느끼면서도 이 고통 속에 담긴, 위험을 방지하라는 경고를 마음에 새기지 않은 채 아무런 저항도 없이 고통을 감내하는 것은 곧 법감정을 부정하는 것이라는 사실이다. 물론 구체적 사정에 따라서는 충분히 그럴 수 있는 경우도 있겠지만 그러한 상태가 장기적으로 지속되면 법감정 자체에 극히 불리한 결과를 빚게 된다. 왜냐하면 법감정의 본질은 행동이기 때문이다. 만일 행동이 뒤따르지 않게 되면 법감정은 위축되어 갈수록 무뎌지며, 마침내는 고통을 전혀 느끼지 못하는 상태에 이르고 만다. 법감정의 예민함, 즉 권리침해의 고통을 느낄 수 있는 능력과 행동력, 다시 말해 권리침해를 거부할 용기와 단호함은 건강한 법감정을 판단하는 두 가지 기준이다.

나는 여기서 법감정의 병리학이라는, 상당히 흥미롭고 또한 생산적인 주제에 대해 더 이상 자세히 설명하지 않겠다. 다만 몇 가지 측면만 짧게 지적하는 데 그치기로 한다. 여러분 모두는 단 하나의 권리침해가 여러 사람과 여러 신분계층의 구성원들에게 영향을 미친다는 사실을 잘 알고 있을 것이다. 나는 앞에서 이와 같은 현상에 대한 해결책을 제시하려고 시도했다. 나는 법감정이 예민하게 반응하는 정도가 모든 권리에 걸쳐 똑같은 것이 아니라 각 개인이나 각 신분계층 또는 각 민족이 침해된 권리를 얼마만큼 자신들의 정신적 실존 조건으로 중요한 의미가 있다고 느끼는지에 따라 약화되기도 하고 강화되기도 한다는 결론에 도달했었다. 이 관점을 지속적으로 다루고자 하는 사람은 아주 풍성한 성과를 얻을 수 있다고 나는 장담한다. 이와 관련해서는 내가 앞서 예로 들었던 명예와 소유권 제도에 덧붙여 혼인을 고찰해보기를 여러분에게 추천하고 싶다. 즉 각 개인, 민족 그리고 입법에 따라 간통에 대한 입장이 얼마나 다른지에 대해 참으로 많은 성찰이 이루어지고 있지 않은가!

법감정의 두 번째 요소인 행동력은 순전히 성격의 문제이다. 즉 권리침해에 직면해 한 사람 또는 한 민족이 보여주는 행태는 그 사람 또는 그 민족의 성격이 어떤지를 판단할 수 있는 가장 확실한 시금석이다. 우리가 성격을 그 자체로 존재하고, 스스로를 주장하는 완결된 인격으로 이해한다면 자의(恣意)가 권리뿐만 아니라 동시에 인격까지 침해하는 경우보다 더 확실하게 그러한 성격을 드러내주는 계기는 없을 것이다. 침해된 법감정과 인격 감정이 침해에 대해 반응하는 형태는 그것이 격정의 영향으로 거칠고 과격한 행위로 나타나든 아니면 온건하지만 지속적인 저항 형태로 나타나든 법감정이 갖는 힘의 강도의 척도가 되지는 않는다. 따라서 첫 번째 형태의 반응을 보이는 게 정상인 야만적 민족이나 교양 없는 사람들이 두 번째 방식을 취하는 교양인들에 비해 훨씬 더 활발한 법감정을 갖고 있다고 생각하는 것은 엄청난 착각이다. 반응 형태는 어느 정도는 교양과 기질 문제이다. 그러나 격렬하고 격정적인 반응과 단호하고 완강하며 지속적인 저항은 완전히 똑같은 반응이다. 만일 그렇지 않다면 상당히 곤란한 일이 될 것이다. 만일 양자가 똑같지 않다면 개인들이나 민족들의 교양이 높아질수록 그만큼 법감정을 상실한다는 의미가 되기 때문이다. 역사와 시민들의 삶을 조금만 살펴보더라도 그런 식의 견해를 충분히 반박할 수 있다. 부와 빈곤의 차이 역시 이와 관련해서는 기준이 될 수 없다. 부자와 가난한 자들이 세상사를 판단하는 가치의 척도가 극도로 다르긴 하지만 ― 이미 앞에서 설명했듯이 ― 권리가 무시될 때는 그런 차이가 전혀 영향을 미치지 못한다. 왜냐하면 권리가 무시될 때는 물건의 물질적 가치가 중요한 것이 아니라 권리의 관념적 가치, 즉 재산으로 향하는 법감정의 에너지가 중요하기 때문이다. 따라서 이 경우에는 재산이 어떤 성질을 갖고 있는지가 아니라 법감정이 어떤 성질을 갖고 있는지가 결정적 의미를 갖는다. 이를 가장 잘 증명해주는 것은 영국 민족이다. 영국민들의 부는 그들의 법감정을 전혀 약화시키지 않았다. 아주 사소한 소유 문제와 관련해서도 그들의 법감정은 고도의 에너지를 갖고 표출된다. 이 점은 우리가 대륙을 여행하는 전형적인 영국인의 모습에서 뚜렷이 확인할 수 있다. 영국인 여행자들은 여관 주인이나 마부가 바가지요금을 씌우려고 하면 마치 영국에서 법을 방어할 때와 똑같이 단호하게 대항한다. 심할 경우에는 여행일정을 연기하고서라도 며칠 동안 그곳에 머무르면서 원래 지불을 거부했던 금액의 10배를 더 쓰는 일까지도 불사한다. 우리 국민들은 그러한 행동을 비웃고, 영국인을 제대로 이해하지 못한다. 그러나 그들을 이해한다면 훨씬 더 좋을 것이다. 왜냐하면 이 영국인이 지키고자 하는 몇 푼의 돈에는 사실상 옛 영국의 모습이 깃들어 있다. 그의 조국 영국에서는 누구나 그의 행동을 이해하며, 그래서 속임수를 써서 돈을 뜯어내려고 수작을 부리지 못한다. 나는 결코 여러분의 마음을 상하게 할 생각은 없다. 하지만 문제의 심각성은 나로 하여금 비교를 하지 않을 수 없게 만든다. 즉 이 영국인과 같은 사회적 지위와 재산 상태에 있는 오스트리아인이라면 그러한 상황에서 어떻게 행동할까? 내 자신의 경험을 믿어도 무방하다면, 아마도 오스트리아인 백 명 중 이 영국인의 예를 모범으로 받아들이는 사람은 열 명을 넘지 않을 것이다. 나머지 대다수 사람은 말다툼을 벌이게 되는 불편함과 남들의 이목 그리고 자신을 오해할 수도 있는 가능성을 피하려들 것이다. 영국인들은 영국에서는 그런 오해 가능성을 전혀 누려워 할 필요가 없지만 여기 오스트리아에서는 그럴 가능성을 묵묵히 감내해야만 한다. 영국인은 지불을 거부하고 오스트리아인은 지불하는 이 몇 푼의 돈 속에는 영국과 오스트리아의 일부가 깃들어 있고 두 나라의 정치적 발전과 수백 년에 걸친 사회생활의 역사가 담겨 있다. 이로써 나는 다음 주제로 편안하게 넘어갈 수 있다고 생각한다. 지금까지의 설명은 내가 이 설명을 시작했을 때 원용했던 것과 같은 문장으로 마감할 수 있을 것 같다. 즉 침해된 권리를 주장하고 관철하는 것은 인격의 자기보존 행위이며, 따라서 자기 자신에 대한 권리자의 의무이다.

이와 동시에 권리의 주장은 공동체에 대한 의무이기도 하다. 이 점은 이제부터 내가 여러분에게 설명하고자 하는 내용의 핵심이다.

이를 설명하기 위해서는 객관적 의미의 법(권리)과 주관적 의미의 법(권리) 사이의 관계를 조금 더 자세하게 살펴보지 않을 수 없다. 양자의 관계의 본질은 무엇인가? 내가 법이 권리의 전제조건을 형성한다고 말하면 그건 양자의 관계에 대한 통상의 사고방식을 충실하게 반영하는 것이 된다. 즉 구체적 권리는 추상적 법규가 권리의 존재 여부에 결부시켜 놓은 조건이 충족된 경우에만 성립한다. 지배적 견해에 따르면 양자의 상호관계는 이것으로 끝이다. 그러나 이런 식의 견해는 일방적 견해로 구체적 권리가 추상적 법에 의존하고 있다는 점만 강조할 뿐 그러한 의존관계가 정반대 방향으로도 존재하고 있다는 점을 간과하고 있다.

구체적 권리는 단순히 추상적 법으로부터 생명과 힘을 얻을 뿐만 아니라 법에게 생명과 힘을 돌려주기도 한다. 법의 본질은 그것이 실제로 실현되는 것이다. 결코 실현된 적이 없거나 실현할 힘을 상실한 법규범은 법규범이라는 이름으로 불릴 자격이 없고, 법이라는 기계 속에서 작동하지 않는 비틀린 나사에 불과하며, 따라서 이를 빼내버려도 기계가 작동하는 데는 아무런 지장도 없다. 이 문장은 공법이든 형법이든 아니면 사법이든 법의 모든 부분에 적용된다. 로마법은 법률에 반하는 관습법이 형성되는 경우_desuetodo_8) 이를 해당 법률의 폐지 사유로 인정함으로써 이 문장을 명시적으로 승인하고 있다. 이와 마찬가지로 구체적 권리를 장기간에 걸쳐 행사하지 않는 경우_non-usus_에도 그 권리는 소멸된다. 공법과 형법의 실현은 국가기관에 이를 의무로 부과함으로써 보장되는 반면 사법의 실현은 사인의 권리라는 형태, 즉 사인의 자유로운 자발성과 스스로의 활동에 맡겨져 있다. 공법과 형법의 실현은 국가의 관청과 공무원이 의무를 이행하는가에 달려 있고, 사법의 실현은 사인이 자기 권리를 주장하는가에 달려 있다. 만일 사인들이 권리의 존재를 전혀 몰랐기 때문이든 아니면 무사안일이나 두려움 때문이든 어떤 사정으로 인해 장기간에 걸쳐 자신들의 권리를 전혀 행사하지 않으면 그와 결부된 법규도 마비 상태에 빠지게 된다. 그렇기 때문에 우리는 사법의 법규가 갖는 현실성과 실제적 힘은 구체적 권리의 주장을 통해 그리고 그러한 주장에 비추어서만 표출되며, 구체적 권리가 한편으로는 법률로부터 생명을 얻지만 다른 한편으로는 법률에게 생명을 불어넣는다고도 말할 수 있다. 그러므로 객관적 또는 추상적 법과 주관적 또는 구체적 권리의 관계는 심장으로부터 흘러나와 다시 심장으로 돌아가는 혈액의 순환 관계이다.

모든 공법 법규의 핵심적 문제가 공무원의 의무 충실 여부라면 모든 사법 법규의 핵심적 문제는 권리자로 하여금 그의 권리, 그의 이익과 법감정을 주장하고 관철하도록 자극하는 동기의 실효성이다. 이 동기가 제대로 작동하지 않으면 법감정은 쇠퇴하고 둔감해지며, 이익은 무사안일, 다툼과 분쟁에 대한 거부감 그리고 소송에 대한 혐오감을 극복할 정도로 충분히 강한 힘을 갖지 못하게 된다. 그로 인해 관련된 법규는 더 이상 적용되지 못하는 결과를 낳는다.

하지만 그게 어쨌다는 것이냐고 반문하는 사람이 있을 것이다. 권리를 주장하지 않아서 그로 인해 고통 받는 건 어차피 권리자 자신밖에 없다면서 말이다. 이 반문에 대꾸하기 위해 나는 앞에서 이미 들었던 예를 여기서도 다시 이용하기로 한다. 즉 전쟁터에서 도망치는 개인의 예를 들어보자. 천 명이 전투에 참가하고 있는 상황이라면 한 명이 도망치더라도 눈치 채지 못할 것이다. 하지만 이 가운데 백 명이 도망친다면 자기 자리를 충실하게 지키고 있는 나머지 사람들의 상황은 갈수록 악화될 것이며, 전선에서 저항해야 하는 모든 부담은 이들 나머지 사람들 몫으로만 남을 것이다. 나는 이러한 상황을 통해 우리가 이야기하고 있는 문제의 실상을 뚜렷하게 밝혔다고 생각한다. 이는 사법의 영역에서도 불법에 대항하는 법의 투쟁, 즉 모든 사람이 똘똘 뭉쳐야 하는 전체 국민의 공동투쟁에 그대로 해당되는 이야기이다. 이 영역에서도 도망치는 자는 곧 공동의 문제에 대해 배반을 행하는 것이다. 왜냐하면 도망치는 자는 적의 용기와 오만을 더욱 드높여 적의 힘을 더욱 강하게 만들기 때문이다. 자의와 무법이 오만하고 파렴치하게 고개를 쳐들고자 한다면 그것은 곧 법을 방어할 사명을 가진 자들이 그들의 의무를 제대로 이행하지 않고 있다는 확실한 증거이다. 사법 영역에서는 각자가 자기 위치에서 법률을 방어할 사명을 갖고 있으며, 각자가 자기 영역 내에서 법률의 수호자이자 집행자이다. 각자가 가진 구체적 권리는 곧 각자의 이익을 계기로 삼아 법률을 방어하고 불법에 저항하도록 국가로부터 부여받은 권한인 셈이다. 다만 공무원이 부여받은 권한이 무조건적이고 보편적이라면 이에 반해 사인이 부여받은 권한은 조건적이고 특수할 뿐이다. 각자는 자기 권리를 주장함으로써 자기 권리가 자리하고 있는 좁은 영역에서 법을 유지한다. 따라서 각자의 이러한 행동방식과 관련된 이익과 결과는 본인 한 사람을 훨씬 뛰어넘어 영향을 미친다. 각자의 행동방식과 연결되어 있는 일반적인 이익은 단순히 법률의 권위와 존엄성이 보존되어야 한다는 관념적 이익이 아니라 누구나 느낄 수 있고 누구나 이해할 수 있는, 심지어 법률에 대해 전혀 알지 못하는 자도 느끼고 이해할 수 있을 정도로 매우 현실적이고 대단히 실제적인 이익이다. 즉 거래 생활에서 확립된 질서가 보장되고 유지된다는 사실에 관련된 현실적 이익이다. 만일 고용주가 고용 규칙을 적용하지 않으려고 들고, 채권자가 채무자의 재산을 압류하려고 하지 않으며, 소비자들이 정확한 중량과 가격 준수를 요구하지 않는다면 이로 인해 그저 법률의 권위만 위협당하는 것일까? 그렇지 않다. 그러한 경우에는 시민생활의 질서까지 희생되는 좋지 않은 방향으로 흐르게 된다. 그로 인한 부정적 결과가 과연 어디까지 미칠 것인지는 말하기 어렵다. 예컨대 전체 신용 체계 자체가 그로부터 민감하게 영향 받을지는 알 수 없는 일이다. 왜냐하면 내가 명백한 권리를 관철하기 위해 다툼과 분쟁을 각오해야만 할 경우 가능하다면 다툼과 분쟁을 피하고 싶어 하기 때문이다. 그렇게 되면 나의 돈은 어딘가 다른 곳으로 흘러갈 것이고, 필요한 물품을 다른 곳에서 들여오게 된다.

이런 상태에서 법률을 적용하려는 용기를 갖고 있는 소수의 사람의 운명은 진정한 순교자의 그것이 된다. 이들의 활발하고 열정적인 법감정은 저주가 되고 마는 것이다. 원래 동료였던 자들로부터 버림받은 채 이 소수자들만 외롭게 전반적인 무기력과 비겁함 때문에 더욱 커져버린 자의^{恣意}에 대항할 뿐이다.

더욱이 이들이 엄청난 희생을 치르면서 자기 스스로에게 충실했다는 만족감의 대가로 얻는 것은 아마도 다른 사람들의 인정이 아니라 조롱과 멸시일 뿐일 것이다. 이 참담한 상태는 법률을 위반한 자들의 책임이 아니라 법률을 보존할 용기가 없는 자들 책임이다. 그러므로 불법이 법을 제자리에서 쫓아냈다면 불법을 비난하는 것이 아니라 이를 묵인한 법을 비난해야 마땅하다. 만일 내가 '불법을 행하지 마라!'와 '불법을 감수하지 마라!'라는 두 명제를 실천적 의미에 따라 서열을 정할 수 있다면 나는 첫 번째 원칙이 '불법을 감수하지 마라!'이고, 두 번째 원칙이 '불법을 행하지 마라!'라고 말하고 싶다. 왜냐하면 인간이 원래 그렇듯이 권리자의 확고하고 단호한 저항에 부딪칠 것이 확실하다면 그러한 장애가 없는 상태에서 그저 도덕적 명령으로서만 힘을 가진 명령, 즉 '불법을 행하지 마라!'라는 명령보다 훨씬 더 강하게 불법을 억제하는 작용을 하기 때문이다.

만일 내가 '공격받은 구체적 권리를 방어하는 것은 권리자 자신에 대한 의무일 뿐만 아니라 공동체에 대한 의무이기도 하다'고 주장한다면 앞에서 말한 모든 내용에 비추어 볼 때 너무 지나친 것일까? 그렇지 않다. 권리자는 자기 권리를 방어함으로써 동시에 법률도 방어하고, 법률을 방어함으로써 공동체의 필수불가결한 질서를 방어하는 것이라는 나의 앞에서의 설명이 옳다면 이 권리자는 동시에 공동체에 대한 의무까지 이행하는 것이라는 사실을 누가 부정할 수 있을까? 공동체가 권리자에게 외적의 침입에 대항해 육체와 생명을 잃을 수도 있는 투쟁에 나서라고 요구할 권리가 있다면 외적만큼이나 공동체의 존립을 위협하는 내부의 적에 대해 투쟁하라고 요구할 권리가 없을까? 외적에 대항하는 투쟁에서 비겁하게 도망가는 것이 공동체에 대한 배반이고, 내부의 적에 대한 투쟁에서 도망가는 것은 공동체에 대한 배반이 아니라는 말일까? 결코 그렇지 않다. 한 나라의 법과 정의는 단순히 법관이 늘 만반의 준비를 하면서 재판정에 앉아 있고, 경찰이 수사관들을 파견하는 것만으로 번성하는 것이 아니라 각자가 법과 정의를 위한 제몫을 다 할 때만 번성할 수 있다. 즉 우리 모두는 자의와 무법의 히드라가 고개를 쳐들 때 머리를 짓밟아야 할 사명과 의무를 갖고 있다.

이와 같은 나의 견해에 따른다면 자기 권리를 주장해야 한다는, 각 개인의 사명은 고귀한 사명이라는 점을 새삼 말할 필요가 없을 것이다. 지금까지 우리 이론은 권리가 법률에 대해 순전히 일방적이고, 단순히 수동적인 태도를 가질 뿐이라고 가르쳐왔다. 그러나 나는 이러한 이론과는 달리 양자가 쌍방적 관계에 있으며, 이 관계 속에서 권리자는 법률이 그에게 부여한 역할을 이행한다고 생각한다. 나의 견해에 따라 권리자에게 부여되는 사명은 곧 거대한 국가적 과제에 참여하는 것이다. 이와 관련해 권리자 스스로 이러한 국가적 과제를 분명하게 인식하고 있는지 여부는 전혀 중요하지 않다. 왜냐하면 윤리적 세계질서는 이 질서를 분명하게 인식하고 있는 사람들의 역할만 염두에 두고 있는 것이 아니라 이러한 명령에 대한 인식이 전혀 없는 사람들까지 참여할 수 있게 만드는 효율적 수단을 충분히 갖고 있고, 바로 이 점에 윤리적 세계질서의 장엄함과 숭고함이 자리 잡고 있기 때문이다. 사람들로 하여금 혼인하도록 만들기 위해 윤리적 세계질서는 어떤 이들에게는 인간의 모든 본능 가운데 가장 고결한 본능 중의 하나를, 어떤 이들에게는 조잡한 감각적 쾌락을, 어떤 이들에게는 편안함을, 또 어떤 이들에게는 소유욕을 자극해 움직이게 만든다. 어쨌든 이들 모두가 혼인을 하게 된다. 이와 마찬가지로 권리를 위한 투쟁의 경우에도 어떤 이들은 이익 때문에, 어떤 이들은 권리를 침해당해 느끼는 고통 때문에, 또 어떤 이들은 법의 이념 때문에 투쟁의 장에 나서게 된다. 동기가 무엇이든 중요한 것은 이들 모두가 자의에 대항해 권리를 보호한다는 공동체의 작업을 위해 서로 손을 맞잡는다는 사실이다.

이로써 우리는 권리를 위한 우리의 투쟁의 이념적 정점에 도달했다고 말할 수 있다. 우리는 이익이라는 저속한 동기로부터 시작해 인격의 정신적 자기보존이라는 관점에까지 우리를 드높였으며, 마침내 법이념의 실현에 참여한다는 고도의 지점에 다다랐다.

나의 권리에 대한 침해와 부정은 곧 법에 대한 침해와 부정이며, 나의 권리의 주장과 회복은 곧 법의 주장과 회복이다. 이로써 자기 권리를 위한 주체의 투쟁은 얼마나 커다란 의미를 갖게 되는가! 나의 이러한 견해가 권리를 위한 투쟁을 끌어올려 도달한 이념적 고지에서 내려다보면 흔히 잘 모르는 사람들이 권리의 본연으로 여기는 순수한 개인적 영역과 개인적 이익, 목적, 격정의 영역 따위는 얼마나 하찮은 것이란 말인가!

　　하지만 이 고지는 너무나 높은 나머지 법철학자들이나 알 수 있을 뿐이라고 말하는 사람이 많을 것이다. 즉 실제의 삶에서 그러한 고지는 전혀 고려 대상이 아니며, 어느 누구도 법의 이념을 위해 소송을 하지는 않는다고 말할 것이다. 이런 주장을 반박하기 위해 나는 이러한 이념적 감각이 실제로 민중소송 Popularklage이라는 제도9)에서 너무나도 분명하게 표현되어 있던 로마법을 원용할 수 있다. 만일 우리 국민들에게는 그와 같은 이념적 감각이 없다고 주장한다면 그런 주장은 우리와 우리 국민들을 모독하는 것이다. 자의에 의해 권리가 짓밟히는 것을 보는 순간 격분과 윤리적 분노를 느끼는 모든 사람은 그와 같은 이념적 감각을 갖고 있다. 왜냐하면 자기 자신이 당한 권리침해가 불러일으키는 감정에는 이기적 동기가 섞여 있는 반면 그와 같은 분노감은 전적으로 인간의 정서를 지배하는 윤리적 이념의 힘에 기인한 것이기 때문이다. 이 분노감은 권리침해에 대항하는 강력한 윤리적 본성의 저항이며, 법감정이 자신의 모습을 드러낼 수 있는 가장 아름답고 가장 숭고한 증표이다. 그것은 윤리적 현상으로, 심리학자의 고찰이나 시인의 상상력을 위해서도 매력적이고 풍성한 성과를 가져다줄 것이다. 내가 아는 한 윤리적 분노만큼 그렇게도 갑자기 사람의 마음속에 강력한 변화를 불러일으키는 충동은 없다. 왜냐하면 잘 알려져 있듯이 지극히 온화하고 부드러운 성격의 소유자들조차도 윤리적 분노로 인해 보통 때는 그들과 거리가 먼 격정의 상태에 빠질 수 있기 때문이다. 이는 이 사람들이 마음에 품고 있는 가장 고결하고, 내면의 가장 깊은 곳에 자리하고 있는 심정을 건드렸다는 증거이다. 윤리적 분노는 도덕적 세계에서 나타나는 우레와 같은 현상으로, 그 형태는 순간적이고 직접적으로 그리고 격렬하게 분출되며, 그 윤리적 폭발력은 폭풍과 같이 근원적이고 모든 것을 망각하며 모든 것을 자기 앞에 굴복시킬 정도로 강렬하다는 점에서 숭고하고 장엄하다. 하지만 이와 동시에 분노가 가져다주는 자극과 작용을 통해 다시 용서와 품격을 갖추게 된다. 따라서 이 윤리적 분노는 주체와 세계를 위한 도덕적 공기정화라 할 수 있다. 물론 주체가 갖고 있는 제한된 힘이 권리가 아니라 자의를 조장하는 제도들 때문에 붕괴되는 때 광풍은 오히려 이 광풍을 일으킨 사람에게 되돌아오고 만다. 그리하여 그는 침해된 법감정으로 인해 범죄자가 되는 비극적 운명에 처하거나

— 이에 대해서는 나중에 다시 언급하겠다 — 또는 아무런 힘도 없이 당하기만 하면서 불법이 마음에 남겨놓은 깊은 상처 때문에 정신적으로 피를 흘리고 법에 대한 믿음을 잃어버리는, 범죄자에 못지않게 비극적인 운명에 처하게 된다.

이 관념적 권리감각은 법의 이념에 대한 모독과 경멸을 자신에 대한 침해보다 훨씬 더 생생하게 느끼고, 자신의 이익이 전혀 침해되지 않았는데도 다른 사람의 억압된 권리를 마치 자기 권리인 것처럼 걱정한다. 물론 그러한 관념론이 고결한 성격을 타고난 사람들의 특권을 형성할지도 모를 일이다. 하지만 전혀 관념적 색채를 띠지 않고, 오로지 불법 그 자체를 불법으로 느끼는 냉철한 법감정만으로도 내가 입증했던, 구체적 권리와 법률의 관계를 완벽하게 이해할 수 있다. 양자의 관계를 나는 앞에서 다음과 같은 문장으로 요약했었다. 즉 나의 권리를 침해하거나 나의 권리를 주장하는 것은 동시에 법을 침해하거나 법을 주장하는 것이다. 바로 우리 법률가들에게 이런 생각이 별로 일반화되어 있지 않다는 사실은 역설적으로 들릴지 모르지만 실제로 그렇다. 우리 법률가들은 구체적 권리를 위한 투쟁에서 법률도 함께 고통당한다고 생각하지 않는 게 보통이다. 즉 분쟁은 추상적 법률을 둘러싼 문제가 아니라 단지 구체적 권리의 형태로 법률을 구현하는 문제일 뿐이며, 이 점에서 권리는 단지 법률이 잠시 고정되어 있는 순간적인 사진일 뿐 권리 때문에 법률 자체가 영향을 받지는 않는다고 생각한다. 법률가들이 갖고 있는 이러한 사고방식이 기술적 측면에서는 필요하다는 사실을 부인할 생각은 없다. 하지만 이러한 사고방식이 이와는 정반대로 법률을 구체적 권리와 동일한 선상에 놓고 구체적 권리가 위협당하면 동시에 법률도 위협당한다고 여기는 사고방식을 인정하지 못하도록 만들어서는 안 된다. 편견이 없는 일반인의 법감정에 비추어 보면 나의 사고방식이 우리 법률가들의 일반적 사고방식보다 더 높은 설득력을 가질 것이다. 이를 입증하는 최상의 증거는 나의 사고방식이 독일어와 라틴어에도 분명하게 반영되어 있다는 사실이다. 즉 독일어는 소송에서 원고가 '법률을 원용했다Gesetz anzurufen'라고 표현하고, 로마인들은 소를 '법률에 따른 소*legis actio*'라고 불렀다. 따라서 소송은 법률 자체에 관한 문제이고, 구체적 사례에서 결정이 내려져야 하는 다툼은 법률을 둘러싼 다툼이다. 이 입장은 특히 '법률에 따른 소'에 의한 고대 로마의 소송을 이해하는 데 매우 중요하다.10)
이와 같은 입장에 비추어 보면 권리를 위한 투쟁은 곧 법률을 위한 투쟁이며, 단순히 주체의 이익, 법률이 구체화된 개별적 관계 또는 앞서 내가 말한 사진을 둘러싼 투쟁이 아니다. 내가 앞에서 사진이라는 표현을 사용했을 때는 권리가 그저 법률이 내뿜는 찰나의 빛을 포착해 이를 고정시켜놓은 것이어서 법률 자체에는 아무런 영향도 미치지 않은 채 얼마든지 구겨버리거나 버릴 수 있는 사진이 아님을 말하기 위해서였다. 따라서 권리를 위한 투쟁은 곧 법률 자체가 무시되고 말살되었음을 의미한다. 그저 쓸데없는 장난이나 빈말이 아니라면 법률은 반드시 관철되어야 한다. 따라서 피해자의 권리가 파괴되면 곧 법률 자체도 함께 파괴되는 것이다.

내가 법률과 구체적 권리 사이의 연대성이라고 줄여서 말하고 싶은 이러한 사고방식이야말로 양자가 맺는 관계의 심층을 포착해 이를 표현해준다는 사실은 이미 앞에서 자세히 설명했다. 그렇지만 이 사고방식은 결코 고차원의 사고에 접근할 능력이 없는 노골적 이기주의조차도 얼마든지 이해할 수 있을 정도로 결코 심오하거나 비밀스러운 내용을 담고 있지 않다. 어쩌면 이기주의야말로 이러한 사고방식을 가장 날카롭게 파악할 수 있을 것이다. 왜냐하면 국가를 자신의 투쟁을 위한 동료로 끌어들이는 것이 이기주의에게도 훨씬 더 유리할 것이기 때문이다. 그리고 이기주의는 부지불식간에 자신과 자기 권리를 뛰어넘어 권리자가 법률의 대변자가 되는 이념적 고지에 도달한다. 즉 설령 권리 주체가 자신의 이익이라는 매우 좁은 관점에서만 진리를 인식하고 이를 수호할지라도 진리는 여전히 진리로 남아 있는 셈이다. 샤일록이 안토니오의 몸에서 1파운드의 살을 베어내기 위해 소송을 제기한 동기는 샤일록의 증오와 복수심이었지만 셰익스피어가 샤일록에게 내뱉도록 한 말은 그의 입을 통해서든 다른 어느 누구의 입을 통해서든 진리가 아닐 수 없다. 그것은 어느 장소 어느 시대를 가리지 않고 언제나 침해된 법감정이 내뱉는 언어이다. 즉 법(권리)은 반드시 법(권리)으로 남아 있어야 한다는 확신의 힘과 확고부동함 그리고 자신이 싸움을 벌이고 있는 일은 단순히 자신만의 일이 아니라 하나의 이념을 둘러싼 일이라는 사실을 분명하게 의식하고 있는 사람의 기개와 열정을 표현하고 있는 언어이다. 셰익스피어는 샤일록의 입을 통해 1파운드의 살에 대해 이렇게 말한다.

내가 요구하는 1파운드의 살
그것은 비싼 값을 치르고 산 내 것이며, 나는 그것을 꼭 갖고 싶다.
만일 내 요구를 거부한다면 당신들 법률의 꼴은 뭐가 되는가!
베네치아의 법은 그렇게도 힘이 없단 말인가.
― 나는 법률을 요구한다.
― 여기 있는 내 증서가 내 요구의 근거로다.

"나는 법률을 요구한다." 셰익스피어는 이 한 마디로 법과 권리 사이의 진정한 관계와 권리를 위한 투쟁의 의미를 어느 법철학자보다도 더 정확하게 표현했다. 이 한 마디 말을 통해 문제의 본질은 단번에 샤일록의 권리 주장에서 베네치아의 법에 관한 것으로 변하게 되었다. 샤일록이 이 말을 하는 순간 이

연약한 한 인간의 모습은 얼마나 강하고 장대하게 커지는가! 1파운드의 살을 요구하는 것은 이제 더 이상 이 유대인이 아니다. 그를 재판정 앞으로 이끈 것은 바로 베네치아의 법률 자체이다. 왜냐하면 샤일록의 권리와 베네치아의 법은 하나이기 때문이다. 그의 권리가 무너지면 베네치아의 법도 무너진다. 샤일록은 결국 비열한 기지를 동원해 그의 권리를 좌절시킨 판결의 중압감 속에서 패배하고 만다.[11] 그리고 신랄한 조롱을 받으며 기가 꺾이고 좌절감을 느끼면서 비틀거린다. 이 장면을 읽으면서 과연 누가 샤일록과 함께 베네치아의 법이 왜곡되고 말았다는 감정을 갖지 않을 수 있겠는가? 그리고 곤욕을 치르는 것은 한 사람의 유대인 샤일록이 아니라 사회의 천민 계층으로서 자기 권리를 목 놓아 외쳐도 결코 권리를 찾지 못한 중세 유대인들의 전형적인 모습 자체라는 감정을 누가 거부할 수 있겠는가? 그의 운명의 엄청난 비극은 그의 권리가 부정되었다는 사실이 아니라 중세에 사는 한 유대인이던 그가 법에 대한 믿음을 갖고 있었다는 사실에 기인한다. 그는 ― 마치 자신이 기독교인이라도 되는 것처럼 ― 어떤 것에 의해서도 현혹당하지 않고 법관 스스로도 품고 있는, 법에 대한 확고부동한 믿음을 갖고 있었다. 그러다가 마치 청천벽력과도 같은 재난이 엄습하고 나서야 비로소 환상에서 깨어나 자신은 경멸 대상인 중세의 유대인에 불과하며, 그의 권리란 순전히 허상이자 기만에 불과하다는 사실을 깨닫게 된다.

샤일록이라는 인물은 나로 하여금 클라이스트Heinrich von Kleist가 소설 『미하엘 콜하스*Michael Kohlhaas*』에서 너무나도 생생하게 묘사한 인물(그는 실제 인물이기도 하다) 콜하스를 떠올리게 만든다. 샤일록은 기가 꺾이고, 모든 힘이 소진되어 아무런 저항도 하지 않은 채 판결에 복종한다. 그러나 콜하스는 달랐다. 너무나도 비열한 방식으로 멸시당한 자기 권리를 되찾기 위해 모든 수단을 동원한 후, 즉 잔혹한 군주사법Kabinettjustiz이 콜하스의 권리 구제의 길을 차단하고, 사법부를 대표하는 최고의 지위에 있는 군주에 이르기까지 모두가 노골적으로 불법의 편을 들어 콜하스의 외침을 묵살해버린 후 콜하스는 자신에게 가해진 엄청난 불법이 가져다 준 끝없는 고통에 압도당하며 이렇게 말한다. "내가 이렇게 짓밟혀야 한다면 인간이기보다는 차라리 개가 되는 게 낫겠다." 그러면서 다음과 같이 굳게 결심한다. "나에게 법률의 보호를 거부하는 자들은 나를 황야의 야만인들에게로 추방했고, 내 스스로 나를 지키도록 몽둥이를 움켜쥐게 만든 자들이다." 콜하스는 부패한 사법부로부터 더럽혀진 칼을 빼앗아 온 나라가 공포와 전율로 뒤덮이고, 썩어빠진 국가제도가 몰락하며, 왕위에 있는 군주들이 벌벌 떨 정도로 휘두른다. 하지만 콜하스의 영혼을 사로잡은 것은 결코 조잡한 복수감정이 아니다. 그는 모어Karl Moor 같은 강도나 살인자가 되지 않는다. 모어는 "하늘과 땅 그리고 바다가 모두 사악한 하이에나 떼에 맞서 싸우도록 모든 자연 속에 폭동의 나팔을 불고 싶어 했고", 자신의 손상된 법감정 때문에 전체 인류에게 선전포고를 한 자이다. 그에 반해 콜하스의 행위 동기는 윤리적 이념이다. 즉 "그는 침해된 권리에 대해 보상받고, 장래에 발생할 수 있는 권리침해로부터 동포들을 보호하기 위한 방책을 마련해야 한다는 의무를 느끼며 온 힘을 다해 세계 속으로 빠져들어 간다"는 윤리적 이념이 그의 행위 동기이다. 콜하스는 이 의무를 다하기 위해 자기 가족의 행복, 자신의 명망, 재산, 생명 등 모든 것을 희생한다. 그는 결코 아무런 목표도 없이 파괴를 일삼는 전쟁을 한 것이 아니라 오로지 죄 지은 자들과 동조자들만 말살하는 전쟁을 했을 뿐이다. 그리하여 그가 자기 권리를 되찾을 가능성이 보이자 자발적으로 무기를 손에서 내려놓는다. 그러나 마치 그가 살던 시대의 무법과 파렴치가 얼마나 수치스러운 상태에 빠져 있었는지를 생생하게 보여주기 위해 콜하스가 선택되기라도 한 듯 그에게 자유와 사면은 허용되지 않았고, 결국 콜하스는 형장의 이슬로 사라진다. 그렇지만 죽기 전에 콜하스는 자기 권리를 되찾는다. 즉 그가 헛되이 싸우지 않았고, 법의 명예를 회복했으며 자신의 인간으로서의 존엄을 주장했다는 생각으로 죽음에 대한 공포를 초월했으며, 자기 자신과 세계 그리고 신과 화해하면서 태연자약하게 사형집행관을 따른다. 법과 권리를 둘러싼 이 드라마에 대해 참으로 많은 생각을 연결해볼 수 있지 않겠는가! 정직하고, 엄격한 정의감을 갖고 있으며 자신의 가족을 너무나도 사랑하고 어린아이처럼 순진한 한 남자가 적들이 도망친 곳 모두를 불과 칼로 파괴해버리는 아틸라Attila가 되었다. 왜 그렇게 됐을까? 그의 모든 적들에 비해 그를 윤리적으로 훨씬 더 높은 곳에 자리하게 만들고, 마침내 적들에게 승리하게 만들어준 성격은 곧 법에 대한 드높은 존경심과 법의 신성함에 대한 굳은 믿음 그리고 그의 진솔하고 건강한 법감정이 뿜어내는 행동력이었다. 그리고 콜하스의 운명이 자아내는 너무나도 감동적인 비극 또한 바로 여기에 기인한다. 그의 탁월하고 고결한 성격, 그의 법감정 속에 흐르는 이상적 열정, 법의 이념을 위해 다른 모든 것을 망각하고 모든 것을 희생하는 영웅적인 헌신이 오만한 고관대작들과 의무를 망각하고 비겁하기 짝이 없는 법관들이 지배하는 당시의 참혹한 세계와 만나면서 콜하스의 비극적 운명은 파멸의 길을 걷지 않을 수 없었다. 콜하스가 저지른 범죄에 비하면 그로 하여금 어쩔 수 없이 법의 궤도에서 벗어나 무법 상태에 빠지게 만든 군주, 공무원 그리고 법관의 범죄는 두세 배 더 끔찍한 범죄이다. 왜냐하면 인간이 감내해야 하는 어떤 불법도 설령 아무리 중대한 것일지라도 — 최소한 공정한 윤리적 감정을 가진 사람에게는 — 신이 임명한 관헌들 스스로 법을 파괴해 저지른 범죄보다 더 큰 범죄는 없기 때문이다. 우리 언어가 매우 정확하게 표현하고 있는 사법살인은 법이 저지르는 엄청난 죄악이다. 법률의 수호자이자 파수꾼이 법의 살인자로 전락하는 것이기 때문이다. 그것은 환자를 독살하는 의사, 피후견인의 목을 졸라 죽이는 후견인과 똑같다. 고대 로마에서는 뇌물을 받은 법관은 사형에 처해졌다. 법을 파괴하는 사법부에게는 침해된 법감정 때문에 죄를 저지른 사람의 어둡고 비난에 가득 찬 얼굴만큼 더 무서운 고소인은 없다. 그것은 사법부 스스로 피로 물들인 어두운 그림자이다. 매수할 수 있고 편파적인 사법부의 희생자는 어쩔 수 없이 법의 궤도 바깥으로 내몰리게 되고, 그리하여 복수의 화신이 되어 자신의 손으로 직접 권리를 집행하게 된다. 때로는 그러한 눈앞의 목표에서 훨씬 벗어나 사회에 맞서는 공공연한 적이 되어 강도와 살인을 일삼기도 한다. 또한 콜하스처럼 고결하고 윤리적인 성품을 갖고 있어서 그와 같은 나락에 빠지지 않은 사람조차도 범죄자가 되어 그에 대한 형벌을 달게 받음으로써 자신의 법감정을 지키기 위해 순교자가 되는 운명에 처하게 된다. 흔히 순교자가 흘린 피는 결코 헛되지 않는다고 말한다. 콜하스를 통해 이 말이 진실임이 입증될 수 있기를 바란다. 그리고 그가 남긴 경고의 그림자가 아주 길게 드리워져서 그가 당했던 엄청난 권리의 말살이 다시는 일어나지 말아야 할 것이다.

    내가 이 경고의 그림자를 특히 강조한 이유는 강렬하고 이상적인 법감정일지라도 법적 제도의 불완전성 때문에 이러한 법감정을 충족시킬 수 없는 상태에서는 어떤 나락에 빠져들 위험이 있는지를 생생한 사례를 통해 보여주기 위한 것이었다. 이러한 상태에서는 법률을 위한 투쟁이 법률에 대항하는 투쟁이 되고 만다. 원래는 법감정을 보호해야 할 권력이 오히려 법감정을 배반할 경우에는 법감정 자체가 법률의 터전을 떠나 무지와 악의 그리고 무기력에 의해 거부당했던 것을 이제는 자력구제를 통해 추구하게 된다. 국민의 법감정이 그와 같은 법적 상태를 고발하고 이에 대해 항거하게 되는 동력은 특별히 강력하거나 폭력적인 기질을 가진 개개인들이 아니다. 오히려 그러한 고발과 항거는 그 사이 몇몇 현상과 관련해서는 전체 국민들에 의해 반복되고 있다. 이들 현상은 역할에 비추어 볼 때 또는 국민이나 특정 계층이 이 현상들을 고찰하고 이용하는 방식에 비추어 볼 때 국가제도를 대체하거나 국가제도와 병존하는 국민들 고유의 작품이라고 부를 수 있다. 중세의 비밀법원Vehmgericht과 결투권이 여기에 속하는데, 이는 중세의 형사법원이 무기력 또는 편파성과 국가제도의 허약함을 보여주는 중요한 증거이다. 오늘날의 결투Duell제도 역시 여기에 속하는데, 이는 국가가 명예훼손에 대해 부과하는 형벌이 사회의 특정 계급의 민감한 명예감정을 충족시키지 못하고 있다는 사실상의 증거이다. 코르시카인들의 피의 복수와 북아메리카의 민중법원과 같은 이른바 린치법률도 여기에 해당한다. 이 모든 사례는 국가의 제도들이 국민 또는 특정 신분계급의 법감정과 합치하지 않은 상태에 있다는 증거이다. 여하튼 이 제도들은 국가가 이를 필요하게 만들었다는 비난이든 아니면 국가가 이를 묵인하고 있다는 비난이든 국가에 대한 비난을 담고 있다. 만일 법률이 그와 같은 민중적 제도를 금지하고 있음에도 사실상 이를 억제할 능력이 없는 경우 개인에게는 이러한 민중적 제도가 엄청난 갈등의 원천이 될 수 있다. 예를 들어 국가의 명령에 따라 피의 복수를 삼가는 코르시카인은 자기 동족들로부터 경멸의 대상이 된다. 거꾸로 민중들의 법적 관점의 압박에 굴복한 코르시카인은 국가 사법부가 행사하는 복수의 손길에 붙들린다. 우리의 결투 제도 역시 마찬가지이다. 즉 결투를 명예를 지키기 위한 의무로 만들어놓은 상태에서 결투를 거부하는 자는 자신의 명예를 잃으며, 거꾸로 명예를 지키기 위해 결투를 한 자는 처벌된다. 이는 개인과 법관 모두에게 상당히 고통스러운 상황이다. 그러나 고대 로마에서는 이와 비슷한 현상을 찾아볼 수 없다. 왜냐하면 국가제도와 국민의 법감정이 완전히 합치했기 때문이다. 기독교 시대가 되면서 비로소 기독교인들이 세속 법원을 피해 주교의 중재법정으로 몰려들기 시작했고, 이와 마찬가지로 중세의 유대인들은 기독교인들의 법정을 피해 랍비Rabbi를 찾아갔다.

나는 이제 개인들이 자기 권리를 위해 벌이는 투쟁에 대한 고찰을 이 정도에서 마무리하겠다. 지금까지 우리는 동기의 여러 단계에 비추어 권리의 투쟁을 고찰해 보았다. 즉 가장 낮은 단계에 해당하는 순수한 이익계산에서 시작해 인격과 인격의 윤리적 생존 조건의 주장이라는 보다 이념적인 단계를 거쳐 마침내는 정의 이념의 실현이라는 관점까지 도달하는 단계에 비추어 권리를 위한 투쟁을 살펴보았다. 특히 정의 이념의 실현이라는 최정상에서 한 발짝만 잘못 내딛으면 침해된 법감정으로 인한 범죄가 결국은 무법 상태의 나락으로 빠지게 된다는 사실도 살펴보았다.

그렇지만 이러한 투쟁에 대한 관심은 사법 또는 사적 생활에 국한되지 않으며, 이를 훨씬 뛰어넘어서까지 영향을 미친다. 한 국가는 결국 모든 개인의 총합일 뿐이고, 개인들이 느끼고, 생각하고, 행동하는 대로 국가도 느끼고, 생각하고, 행동한다. 사법적 관계에서 개인들의 법감정이 무디고, 비겁하고, 무감각하게 나타나면 부정당한 법률이나 나쁜 제도가 개인에 대항해 작용하는 장애로 말미암아 그러한 법감정이 자유롭고 활동적으로 전개될 여지가 존재하지 않게 된다. 즉 법감정이 정작 국가의 지원과 장려를 기대해야 할 곳에서 오히려 박해 당하게 된다. 그 결과 법감정이 불법을 감수하는 데 익숙해지고, 이 상태를 더 이상 바꿀 수 없는 상태로 여기게 된다. 이렇게 예종, 위축, 무감각에 익숙해진 법감정이 권리침해가 한 개인이 아니라 국민의 정치적 자유에 대한 공격, 헌법파괴나 전복 또는 외적의 침입 등과 같이 전체 국민에게 해당될 때는 갑자기 활발한 민감성과 열정적인 반응으로 확 바뀔 수 있다고 어떻게 믿을 수 있겠는가? 자기 권리를 용감하게 방어하는 데 익숙하지 않은 사람이 어떻게 전체의 권리를 위해 기꺼이 자신의 생명과 재산을 바치겠다는 절절한 욕구를 느낄 수 있단 말인가? 편안함 때문에 자기 권리를 포기함으로써 자신의 명예와 인격에 정신적 손해를 가한다는 사실을 전혀 이해하지 못하고, 권리와 관련해서 오로지 물질적 이익이라는 잣대만을 들이미는 데 익숙한 자에게 국가의 권리와 명예가 걸려 있을 때는 다른 잣대를 사용하고 다르게 느낄 것이라고 어떻게 기대할 수 있을까? 이 경우에는 지금껏 완전히 부정되었던 관념적 심정이 도대체 무슨 수로 갑자기 표출될 수 있다는 말인가? 결코 그럴 수 없다. 국가법과 국제법을 위해 투쟁하는 자는 다름 아닌 사법을 위해 투쟁하는 자이다. 사법적 관계 속에서 습득한 성격이 국가법이나 국제법과 관련해서도 그대로 결정적인 역할을 한다. 한 국가의 사법 영역에서 씨를 뿌려 싹튼 대로 국가법과 국제법의 영역에서 수확을 걷게 된다. 삶의 극히 사소한 관계에 해당하는 사법 영역의 낮은 곳에서 한 방울 한 방울 힘이 형성되고 모아져 국가가 필요로 하는 정신적 힘이 축적되고, 이 축적된 힘은 다시 훨씬 더 거대한 국가 목적을 위해 사용된다. 따라서 한 국민에 대한 정치적 교육이 이루어지는 진정한 학교는 국가법이 아니라 사법이다. 그리하여 한 국민이 필요한 경우 자신들의 정치적 권리와 국제법상의 지위를 어떤 식으로 방어할 것인지를 알고 싶은 사람은 각 개인이 사법의 영역에서 자신의 권리를 어떻게 주장하는지를 관찰하면 된다. 나는 이미 앞서 투쟁에 익숙하고 투쟁을 즐기는 영국인들을 예로 들었다. 여기서도 나는 앞에서 이야기한 내용을 그대로 반복할 수 있을 따름이다. 즉 영국인이 집요하게 다투는 한 푼의 돈에는 영국의 정치적 발전이 깃들어 있다. 모두가 아주 사소한 일에서도 자기 권리를 용감하게 주장하는 것이 일반적 관행인 국민에게서 해당 국민이 갖고 있는 최상의 것을 강탈하려는 무모한 짓을 하려는 사람은 없다. 그렇기 때문에 대내적으로는 최상의 정치적 발전을 이루었고, 대외적으로는 최고의 힘을 발현시켰던 고대 로마민족이 가장 발달된 형태의 사법을 갖고 있었던 것은 결코 우연이 아니다. 역설적으로 들릴지 모르지만 법은 관념론이다. 그러나 환상의 관념론이 아니라 인격의 관념론, 즉 스스로를 자기목적으로 느끼고, 만일 자신의 내면 깊숙한 곳에 자리 잡고 있는 이 신성한 자기목적이 공격받을 때는 다른 모든 것은 사소하게 여길 줄 아는 사람의 관념론이다. 그의 권리에 대한 공격이 다른 개인이나 자신의 정부 또는 다른 민족에 의해 이루어지는지가 그에게 무슨 상관이 있겠는가? 누가 공격을 하든 관계없이 공격에 대항해 저항할 것인지는 공격하는 자가 아니라 공격당하는 자의 법감정이 갖고 있는 에너지, 즉 그가 평소에 스스로를 주장하면서 발휘하는 정신적 힘에 달려 있다. 그러므로 다음의 명제는 영원한 진리이다. 즉 한 민족의 대내적 및 대외적 지위는 해당 민족의 정신적 힘에 상응한다. 장성한 아이들에게 대나무로 회초리질을 하는 중국은 수억 명의 인구를 갖고 있음에도 불구하고 소국에 불과한 스위스가 누리고 있는 국제법적 지위만큼도 얻지 못하고 있다. 스위스인들의 기질은 예술과 시의 관점에서 로마인들에 못지않게 관념적이며, 냉철하고 실제적이다. 하지만 내가 지금까지 법과 관련해 '관념적'이라는 표현을 사용했던 의미에서도 스위스인들에게는 영국인들과 마찬가지로 이 표현이 잘 어울린다.

건강한 법감정이 갖고 있는 이러한 관념론도 만일 법과 질서의 유지를 위해 참여하지 않은 채 오로지 자기 권리를 방어하는 데만 한정된다면 자신이 서있는 토대 자체를 무너뜨리고 말 것이다. 진정한 관념론은 자기 권리와 함께 법을 방어한다는 사실뿐만 아니라 법과 함께 권리를 방어한다는 사실도 알고 있다. 이러한 분위기, 즉 엄격한 법치주의에 대한 감각이 지배적인 공동체에서는 ― 다른 곳에서는 흔히 그렇듯이 ― 행정관청이 범죄자나 다른 법률 위반자들을 소추하거나 체포하려고 할 때 국민 대중이 오히려 범죄자 편을 드는 것처럼 국가권력이 국민들의 당연한 적대자들로 여겨지는 혼란스러운 현상을 결코 찾아볼 수 없다. 그러한 공동체에서는 누구나 법 문제가 곧 자기 문제임을 알고 있으며, 범죄자를 동정하는 사람은 범죄자 자신일 뿐 선량한 시민은 결코 범죄자를 동정하지 않는다. 그리고 선량한 시민은 경찰과 관헌에게 기꺼이 도움을 준다.

나는 내가 지금까지 설명한 내용의 결론을 굳이 말로 표현할 필요를 느끼지 않는다. 결론은 단 한 문장으로 충분하다. 즉 "대외적으로 존중받고, 대내적으로 확고부동한 상태에 있고자 하는 국가가 지키고 가꾸어야 할 최상의 가치는 곧 국민의 법감정이다." 이에 대한 배려야말로 정치 교육이 담당해야 할 가장 중요한 과제 중의 하나이다. 각 개인의 건강하고 활발한 법감정은 국가 자체가 갖는 힘이 용솟음치기 위한 가장 풍성한 원천이며, 대내외적으로 국가의 존립을 위해 가장 확실한 보증이 된다. 법감정은 나무 전체의 뿌리이다. 뿌리가 흔들리고 돌밭이나 황량한 모래밭에서 말라비틀어지면 다른 모든 것은 헛것에 불과하다. 폭풍이 몰아치면 나무는 뿌리째 뽑히고 만다. 다만 줄기와 가지는 눈에 보인다는 장점을 갖고 있음에 반해 뿌리는 땅 속에 박혀 있어 눈에 보이지 않는다. 그래서 부정당한 법률과 나쁜 제도가 국민의 정신적 힘에 미치는 파괴적 영향은 대다수 얼치기 정치가들이 주목할 가치가 없다고 여기는 땅 밑에서 이루어진다. 그런 정치가들은 잘 자라고 있는 것처럼 보이는 가지만이 중요할 뿐 뿌리에서 가지로 독이 퍼지고 있다는 사실을 알지 못한다. 하지만 독재는 나무를 쓰러뜨리기 위해서는 어디서 시작해야 하는지를 너무나도 잘 안다. 독재는 일단 가지는 그대로 놔두고, 뿌리를 파괴한다. 즉 모든 독재는 사법司法에 대한 공격, 즉 개인의 권리 박탈에서 시작한다. 독재가 이 작업을 끝마치면 줄기는 저절로 넘어간다. 따라서 곧바로 뿌리에 대한 공격에 항거하는 것이 중요하다. 로마인들이 여성의 정조와 명예에 대한 공격을 왕권이나 10인관*decemviri*의 통치를 종식시키는 동기로 삼았을 때 자신들이 무엇을 하고 있는지를 잘 알고 있었다.12) 농민들이 갖고 있는 자유로운 자신감을 과세와 부역으로 파괴하고, 시민을 경찰의 보호 대상으로 삼으며, 여권을 발급받을 때만 여행을 허가하고, 작가들의 생각은 검열관이 허가할 때만 표현할 수 있게 하고, 조세를 제멋대로 할당하는 것 등 국민의 당당한 자신감과 윤리적 힘을 말살해 독재가 아무런 저항도 받지 않고 안착할 수 있게 만드는 방법은 아마도 마키아벨리조차도 더 좋은 방안을 제시하기 어려울 정도로 수없이 많다. 물론 독재와 자의가 활짝 열어젖힌 문은 외적들에게도 열려 있다는 사실은 처음에는 별로 의식하지 못한다. 그러다가 외적이 문 앞에 들이닥치고 나서야 비로소 현자들은 국민의 윤리적 힘과 법감정이 외적에 대항하기 위한 가장 효과적인 방어 수단을 형성할 수 있었다는 사실을 뒤늦게 깨닫는다.

농민과 시민들이 봉건주의적이고 절대주의적인 자의의 대상이던 시기에 독일 제국은 로트링엔과 엘사스 지역을 잃었다. 그곳의 농민과 시민들이 이미 자기 자신에 대한 믿음을 잃어버린 상태에서 과연 이들이 독일 제국에 대해 어떤 느낌을 갖고 있었겠는가!

그러나 우리가 뒤늦게야 역사의 교훈을 깨달은 것은 전적으로 우리들 자신의 책임이며, 제때 교훈을 알지 못한 것은 결코 역사의 책임이 아니다. 왜냐하면 역사는 그러한 교훈을 언제나 큰 목소리로 또박또박 설교하고 있기 때문이다. 한 국민의 힘은 해당 국민의 법감정의 힘과 같은 의미이다. 국민의 법감정을 함양한다는 것은 곧 국가의 건강과 힘을 함양하는 것이다. 내가 말하는 '함양'은 당연히 학교나 강의가 아니라 모든 삶의 상태에서 정의의 원칙을 실제로 관철한다는 뜻이다. 그저 법의 외부적 메커니즘만으로는 그와 같은 함양이 이루어지지 않는다. 단순한 외부적 메커니즘이 완벽하게 수립되고 운용됨으로써 최고의 질서가 통치한다 할지라도 내가 요구하는 법감정의 함양이 완벽하게 무시되는 상황이 얼마든지 발생할 수 있다. 농노제도, 유대인에 대한 보호관세 등과 같은 과거의 수많은 법규들은 분명 외적인 법률과 질서임에는 틀림없었지만 건강하고 강력한 법감정의 함양과는 완전히 모순되는 법률과 질서였으며, 어쩌면 그러한 법률과 질서에 허덕였던 시민, 농민, 유대인

보다 국가 자체가 그로 인해 더 큰 손해를 입었을 것이다. 견고하고 명료하며 명확한 실체법, 사법뿐만 아니라 경찰, 행정, 조세 등 전체 법 영역에서 건강한 법감정과 모순되는 모든 법규의 폐지, 사법부의 독립, 최대한 완벽한 소송제도 등은 국방예산을 최고로 증액하는 것보다 훨씬 더 확실하게 국력을 신장시킬 수 있는 방법이다. 국가권력이 제정하거나 계속 유지하고 있는 자의적이고 부정당한 법규정은 모두 국민의 법감정을 해치는 것이며, 따라서 국력 자체를 해치는 것이다. 그것은 법의 이념에 대한 죄악이고, 이 죄악은 이를 저지른 국가 자신이 죗값을 치르게 되어 값비싼 이자를 물게 되는 경우가 자주 있다. 어떤 경우에는 심지어 국가의 한 지역 전체를 이자로 바쳐야 할 때도 있다! 물론 나 자신은 국가가 단순히 합목적적 계산 때문에 그와 같은 죄악을 저지르지 말아야 한다고 생각하지는 않는다. 오히려 법의 이념 그 자체를 위해 이 이념을 실현하는 것이 국가의 최상의 의무라고 생각한다. 하지만 그것은 교조적 관념론일지도 모른다. 그렇기 때문에 어떤 정치가가 그와 같은 지나친 요구에 대해 어깨를 으쓱하면서 거부 반응을 보일지라도 나쁘게만 볼 수는 없다고 생각한다. 하지만 바로 그 때문에 우리는 정치가가 완벽하게 이해하고 있는 문제의 실제적 측면을 충분히 고려하면서 설명을 했다. 다시 말해 법의 이념과 국가의 이익은 서로 밀접하게 관련을 맺고 있다는 점을 밝혔던 것이다.

아무리 건강한 법감정일지라도 나쁜 법을 오랫동안 감당하지는 못하며, 점차 무뎌지고 나쁜 법이 지배하는 상황이 지속되면 법감정은 무뎌지고 쪼그라들기 마련이다. 왜냐하면 법의 본질은 ― 앞서 자주 언급했듯이 ― 행동이기 때문이다. 맑은 공기가 불꽃을 활활 타오르게 만드는 것과 마찬가지로 행동의 자유는 활발한 법감정을 가능하게 만든다. 따라서 법감정에게 행동의 자유를 거부하거나 위축시키는 것은 곧 법감정을 질식시키는 것과 마찬가지이다.

나는 여기서 나의 강연을 마칠 수도 있다. 내가 말하고자 하는 주제를 모두 다 다루었기 때문이다. 하지만 나의 강연 주제와 밀접한 관련을 맺고 있는 한 가지 문제에 대해 다시 여러분이 주목해주시기를 희망한다. 그것은 바로 오늘날 우리의 법, 더 정확히는 오늘날의 보통로마법이 ― 내가 이에 대해 감히 판단을 내릴 자격이 있다는 전제하에 ― 과연 얼마만큼 내가 지금까지 제기한 요구들을 충족하고 있는가라는 문제이다. 결론부터 말하자면, 오늘날의 보통로마법은 결코 내가 제기한 요구들을 충족하지 못하고 있다고 단호하게 말할 수 있다. 현행 보통로마법은 건강한 법감정을 위해 당연히 요구되는 것과는 한참 거리가 멀다. 이유는 단순히 여기저기에 올바르지 않은 규정이 있기 때문이 아니다. 그보다는 현행법이 전반적으로 내가 앞서 건강한 법감정의 본질을 구성한다고 설명한 내용 ― 즉 권리침해는 물건에 대한 공격일 뿐만 아니라 인격 자체에 대한 공격이기도 하다는 관념론 — 과는 극단적으로 모순되는 사고방식에 의해 지배되고 있기 때문이다. 우리의 보통법은 이러한 관념론을 전혀 지지하지 않는다. 보통법이 권리침해를 판단하는 기준은 명예훼손을 제외하고는 전적으로 물질적 가치라는 기준이다. 그것은 냉철하고 천박한 물질주의로, 현행법은 이 물질주의를 완벽하게 구현하고 있다.

물론 내 것과 네 것을 둘러싼 투쟁에서 분쟁의 대상 또는 그 가액 이외에 법이 피해자에게 다른 무엇을 더 보장할 수 있겠냐고 반론을 제기할 것이다.[13] 하지만 만일 그렇다면 훔쳐간 물건을 반환하면 절도범은 석방해야 마땅할 것이다. 이에 대해 다시 절도범은 절도당한 사람뿐만 아니라 국가의 법률, 즉 법질서와 도덕률까지도 위반했기 때문에 석방할 수 없다고 반론을 제기할 것이다. 그렇다면 돈을 빌려갔는데도 돈을 빌리지 않았다고 거짓말하는 채무자나 나의 신뢰를 남용해 오히려 나를 속인 수임인은 절도범과 마찬가지 아닐까? 내가 그런 자들에게 오랜 투쟁을 거쳐 내가 애당초 갖고 있던 딱 그것만큼 돌려받는다면 그것만으로 나의 침해된 법감정에 대한 보상이 될 수 있을까? 나에게는 매우 온당하다고 여겨지는 보상에 대한 이러한 요구와는 별개로 그러한 상황에서 양 당사자 사이의 자연적 균형이 얼마나 비틀려 있는지를 생각해보라! 즉 소송의 결과가 불리하게 나올 수 있다는 위험이 한쪽에게는 자신의 것을 잃을 수 있다는 데 있는 반면, 다른 한쪽에게는 그저 불법적으로 획득한 것을 돌려주어야 한다는 데 있고, 소송의 결과가 유리하게 나오리라는 기대는 한쪽에게는 자신의 것을 잃지 않으리라는 데 있는 반면, 다른 한쪽에게는 상대방이 피해를 입는 대가로 자신이 더 많은 것을 얻으리라는 데 있다. 이는 결국 뻔뻔한 거짓말을 오히려 조장하고, 신뢰를 저버린 행위를 더 유리하게 만드는 것이 아닐까? 이러한 서술은 사실상 전적으로 우리의 현행법에 대한 것이다. 이러한 판단의 근거에 대해서는 나중에 설명하겠다. 이 문제와 관련해 현행법과는 정반대되는 태도를 취하고 있던 로마법을 먼저 설명하고 나면 나중에 설명하기가 훨씬 더 쉬울 것으로 생각한다.

이와 관련해 나는 로마법의 발전 단계를 세 가지로 구별한다. 첫 번째 단계는 스스로를 억제하지 못하고 전혀 절제를 모르는 격렬한 법감정이 표출되던 초기 로마법 단계이다. 두 번째 단계는 법감정이 절제력을 발휘하는 중반기이다. 세 번째 단계는 법감정이 약화되고 위축되는 로마 후기 제정기의 법, 특히 유스티니아누스 법이다.

이 문제가 가장 낮은 발전 단계에서 취하고 있던 형태에 대해서는 내가 예전에 연구해서 그 결과를 출판했다.14) 여기서는 이 연구의 결론을 몇 마디로 요약해 설명하겠다. 초기 로마

시대의 민감한 법감정은 권리에 대한 침해나 부정을 주관적 불법의 관점에서 포착해 상대방의 책임 여부나 정도는 전혀 고려하지 않았으며, 그에 따라 책임이 있는 자에게든 책임이 없는 자에게든 똑같이 속죄를 요구했다. 명확한 책임*nexum* 또는 상대방 물건의 훼손을 부인하는 자가 만일 소송에서 패소하게 되면 두 배를 지불했다. 이와 마찬가지로 반환청구소송에서는 물건의 점유자로서 물건으로부터 이득을 얻었다면 두 배를 배상해야 했다. 이밖에도 패소한 자는 소송담보금*sacramentum*까지 잃게 되었다.

소송에서 패소한 원고도 같은 형벌을 받았다. 왜냐하면 그는 타인의 재산을 부당하게 요구했기 때문이다. 더욱이 소를 제기할 충분한 근거가 있는 액수에서 조금이라도 벗어난 금액을 요구했을 때는 모든 청구권을 상실했다.15)

초기 로마법의 이러한 제도와 법규는 이후의 로마법에도 상당부분 수용되긴 했지만 이후의 독자적이고 새로운 법 창조 활동에서는 이전과는 완전히 다른 정신이 숨 쉬고 있었다.16) 이 새로운 정신을 한 마디로 설명한다면 모든 사법적 관계에서 책임이라는 기준을 제기하고 적용하는 것이라고 할 수 있다. 이제 객관적 불법과 주관적 불법은 엄격하게 구별되었다. 객관적 불법은 단지 책임을 부담해야 하는 대상을 회복하는 것이라면 주관적 불법은 여기에 더해 벌금형이나 명예형과 같은 형벌을 부과하는 근거가 되었다. 이렇게 타당한 한계 내에서 형벌을 부과하는 제도를 계속 유지했다는 사실이 중반기 로마법이 갖고 있던 가장 건강한 사상 중의 하나에 해당한다. 즉 신뢰를 배반해 임치물의 존재를 부인하거나 이를 반환하지 않는 수치인, 신뢰받고 있는 지위를 자기 이익을 위해 악용하거나 자기 의무를 의도적으로 태만히 한 수임인이나 후견인은 단순히 물건을 반환하거나 손해를 배상하기만 하면 그만이라면 이는 결코 로마인의 건강한 감각에 합치할 수 없었다. 그들의 건강한 감각은 반환이나 손해배상을 넘어 형벌까지 요구했는데, 이 형벌은 침해된 법감정에 대한 보상이었고 동시에 다른 사람들이 비슷한 악행을 저지르지 않도록 위협하는 것이기도 했다. 이를 위해 사용한 형벌 중의 하나는 명예박탈*Infamis*인데, 이는 로마에서는 생각할 수 있는 가장 엄한 형벌이었다. 왜냐하면 명예박탈은 사회적 멸시뿐만 아니라 모든 정치적 권리의 상실, 즉 정치적 죽음까지 의미했기 때문이다. 명예박탈은 문제되는 권리침해가 특히 신뢰를 저버린 행위로 여겨질 때는 언제나 부과되었다. 이 밖에도 재산형도 부과되었는데, 이는 적용 범위가 굉장히 넓었다. 즉 부당한 일을 저질러 소송당한 자나 부당하게 소송을 제기한 자에 대해서는 여러 가지 위협 수단이 마련되어 있었다. 재산형은 소송 대상 가액의 분수액(1/10, 1/5, 1/3)에서 시작해서 몇 배에 해당하는 금액까지 올라갔으며, 상대방의 고집을 다른 방법으로 꺾을 수 없을 때는 무제한으로, 다시 말해 원고가 선서를 통해 자신이 당한 불법에 대한 충분한 보상으로 원하는 정도까지 확대되었다. 특히 두 가지 소송상의 제도는 피고로 하여금 양자택일을 할 수 있도록 하는 목적을 갖고 있었다. 즉 피고는 더 이상의 불리한 결과를 받지 않고 자신의 의도를 포기하거나 아니면 의도적인 법률 위반에 대해 책임이 있다고 선고받아 그에 따라 취급될 것인가를 선택할 수 있었다. 이 두 가지 제도는 집정관의 금지명령prohibitorische Interdikte17)과 조정소권 *actio arbitraria*18)이다. 이 두 제도는 피고로 하여금 자신의 저항이나 공격을 계속 고집할 경우에는 원고에 대해서뿐만 아니라 관헌에게까지 저항 또는 공격하는 것이 되도록 만들었다. 그리하여 이제부터는 더 이상 원고의 권리와 관련된 문제가 아니라 법률 자체와 법률을 대변하는 자들의 권위와 관련된 문제가 된다.

이러한 민사 형벌의 목적은 형법상의 형벌의 목적과 동일했다. 첫 번째 목적은 범죄라는 개념에 해당하지 않는 침해에 맞서서도 사법 생활의 이익을 보장한다는 순전히 실제적인 목적이었고, 두 번째 목적은 침해된 법감정 — 이는 단순히 직접 침해를 당한 사람의 법감정뿐만 아니라 이에 대해 아는 모든 사람의 법감정까지 포함하는 의미이다 —을 만족시키고 권위가 실추된 법률의 명예를 회복한다는 윤리적 목적이었다. 따라서 벌금으로 부과하는 금전은 자체가 목적이 아니라 목적을 위한 수단이었을 뿐이다.19) 내가 보기에 문제를 이와 같이 처리한 중기 로마법 형태는 매우 모범적인 형태이다. 왜냐하면 중기 로마법은 객관적 불법까지도 주관적 불법을 기준으로 판단했던 초기 로마법의 극단적 형태로부터 상당한 거리를 두고 있을 뿐만 아니라 이와는 정반대로 주관적 불법을 완전히 객관적 불법의 수준으로 짓누르고 있는 우리 현행법의 형태로부터도 상당한 거리를 유지하면서, 건강한 법감정의 정당한 요구를 완벽하게 충족시키고 있기 때문이다. 이는 중기 로마법이 두 가지 종류의 불법을 엄격하게 구별했을 뿐만 아니라 주관적 불법 내에서도 다시 침해의 형식, 종류, 비중에 따라 모든 불법의 형태를 섬세하게 구별함으로써 가능했다.

이제부터 나는 유스티니아누스 법전을 통해 종결된 로마법의 마지막 발전 단계에 대해 설명하겠다. 이를 위해서는 우선 조상으로부터 상속받은 법이 개인의 삶이나 민족들의 삶에 어떤 의미가 있는지를 언급하지 않을 수 없다. 만일 오늘의 시대에 직접 법을 제정해야 했다면 그것의 모습은 어떠했을까? 자기 힘으로는 제대로 살 수가 없어 상속해준 사람의 부유한 재산 덕으로 살아가는 사람이 많듯이 쇠잔하고 몰락한 세대도 상당 기간 동안 이전의 융성한 시대가 물려준 정신적 재산을 빨아먹고 살게 된다. 나는 결코 자신의 노력 없이 타인의 노동의 열매를 먹고 산다는 의미가 아니라 특정한 정신으로부터 형성된 과거의 작품, 창조물, 제도는 상당 기간에 걸쳐 그러한 정신을 계속 보존하면서 동시에 새롭게 생성해낼 수 있다는 의미로 이 말을 하고 있다. 즉 그러한 과거의 유산 속에는 아직 완전히 발현되지 못한 힘이 내재해 있다가 이와 접촉하면 힘이 다시 활력으로 가득 차게 된다. 이런 의미에서 고대 로마 민족의 단단하고 활발한 법감정이 객관적 형태로 표현되어 있던, 공화정기의 사법도 제정기의 사법에 대해 상당 기간 동안 활력적이고 신선한 원천 역할을 했다. 이 법은 훗날의 거대한 사막에서도 유일하게 신선한 물이 흐르는 오아시스였다. 그러나 전제정의 뜨거운 입김 앞에서는 어떤 독자적 삶도 지속적으로 가능할 수 없었으며, 사법 혼자만으로는 도처에서 경멸 대상이던 정신을 계속 유지하고 주장할 수 없었다. 하지만 전제정도 비록 최후의 순간까지 버티긴 했지만 결국은 시대정신에 굴복하지 않을 수 없었다. 전제정은 '새로운 시대정신'이라는 기이한 표지를 달고 있다. 이 시대정신이 엄격, 가혹, 무자비라는 전제정의 특성을 따리라고 생각하겠지만 적어도 외양만은 정반대로 온유하고 인간적이다. 그러나 이 온유함 자체가 전제정적인 온유함이다. 다시 말해 이 온유함은 한 사람에게서 빼앗은 것을 다른 사람에게 선물한다. 그것은 자의와 기분의 온유함이지, 인간성의 온유함이 아니다. 그것은 마치 잔인한 자의 엄살과도 같다. 이러한 나의 주장을 뒷받침하는 모든 증거를 여기서 낱낱이 열거할 수는 없다.[20] 단지 내가 보기에 특히 중요하고 또한 풍부한 역사적 자료를 담고 있는 특징 하나를 강조하는 것으로 충분할 것이다. 그것은 곧 채권자를 희생시키면서 채무자에게 베푼 관대함과 배려이다. 나는 얼마든지 일반적으로도 언급할 수 있다고 생각한다. 즉 채무자를 동정하는 것은 유약한 시대의 특징이다. 이 유약한 시대 자신은 그걸 휴머니즘이라고 부른다. 그러나 강력한 시대는 설령 채무자가 완전히 파멸할지라도 채권자가 자기 권리를 획득하도록 배려한다.

자 이제 우리 시대의 로마법을 보자! 나는 우리의 로마법을 언급했다는 사실 자체를 매우 유감스럽게 여길 정도이다. 왜냐하면 이미 언급했기 때문에 나로서는 어쩔 수 없이 이에 대한 판단을 내릴 수밖에 없는데, 여기서는 나의 판단에 대한 근거를 상세히 제시할 수 없기 때문이다. 하지만 오늘날의 로마법에 대해 판단을 내리는 일을 조금도 주저할 생각이 없다.

만일 나의 판단을 몇 마디로 요약한다면 근대 로마법의 전 역사와 그 효력의 특징을 다음과 같이 표현할 수 있겠다. 즉 근대 로마법에서는 통상 법의 형성과 발전에서 결정적 역할을 하는 요소인 국민의 법감정, 법실무, 입법에 비해 단순한 학설이 지나칠 정도로 비중이 높다. 이러한 독특한 측면은 물론 역사적 상황에 비추어 볼 때 어느 정도는 불가피한 일이었다. 다른 언어로 쓰인 다른 나라의 법을 학자들이 도입해 오직 학자들만 이를 완전하게 이해할 수 있고, 이 때문에 애당초 전혀 다른 종류이자 때로는 서로 투쟁까지 하는 두 가지 이익의 대립과 변경을 겪지 않을 수 없었다. 하나는 편견 없는 역사적 인식이라는 이익이고, 다른 하나는 법을 실제적으로 조율하고 발전적으로 형성한다는 이익이다. 이에 반해 법실무는 다루어야 할 소재를 정신적으로 완전히 장악할 힘도 갖추지 못하고, 따라서 이론에 질질 끌려 다니는 예속과 미성숙 상태에 있었다. 그리고 판례와 입법에서는 원칙 없는 개별주의가 통일된 체계 형성을 위한 미약하기 그지없는 시도들을 압도하고 있었다. 이런 상황에서 그러한 법과 국민의 법감정 사이에 늘 균열이 존재하고, 국민은 법을, 법은 국민을 이해하지 못했다는 것은 결코 놀라운 일이 아니다. 로마의 상황과 관습에 비추어 이해되던 제도와 법규들은 그러한 전제조건이 완전히 상실된 이곳에서는 저주로 변했다. 이 세상 어느 곳에서도 판결이 국민의 법에 대한 믿음과 신뢰를 여기서처럼 동요시킨 적은 없을 것이다. 법률을 모르는 일반인이 100굴덴[옛날 금, 은 화폐의 이름]의 채무를 지고 있음을 시인하는 상대방에 대한 채권증서를 갖고 법관 앞에 갔을 때 법관이 해당 채권증서는 이른바 하자 있는 채권증서 *cautio in-discreta*21)로 구속력이 없다고 선고하거나 또는 소비대차消費貸借를 채무원인으로 명시하고 있는 채권증서를 2년이 경과하기 전에는 증명력이 없다고 선고한다면 이 일반인이 갖고 있는 단순한 상식은 도대체 무슨 말을 해야 할까?

나는 세세한 내용까지 다룰 생각은 없다. 만일 그렇게 한다면 도대체 어디서 끝날 것인지를 알 수 없기 때문이다. 나는 단지 우리 보통법 법학의 두 가지 오류 — 나로서는 '오류'라는 단어 말고는 달리 표현할 방법이 없다 — 를 지적하는 데 그치기로 한다. 하나는 매우 근원적인 오류이며, 다른 하나는 불법의 소지가 많은 오류이다.

첫 번째 오류는 근대의 보통법 법학에서는 내가 앞에서 펼쳤던 단순한 사고, 즉 권리침해는 단순히 금전 가치문제가 아니라 침해된 법감정의 보상과 관련된 문제라는 사고가 완전히 사라져버렸다는 데 있다. 보통법학의 기준은 밋밋하고 거친 물질주의, 즉 오로지 금전적 이익일 뿐이다. 나는 어떤 법관에게서 자신이 담당한 한 소송의 분쟁가액이 너무 작아 귀찮은 소송절차를 생략하기 위해 자신이 직접 원고에게 해당 금액을 주겠다고 제안했다가 원고가 거부해 크게 흥분한 적이 있다는 이야기를 들은 기억이 있다. 이 원고에게는 돈이 문제가 아니라 자기 권리가 문제였음을 이 박식한 법관은 전혀 염두에 두지 않았던 모양이다. 더욱이 우리는 그 법관의 행동을 크게 탓할 수 없다. 왜냐하면 그 법관은 얼마든지 자기 책임을 법학 탓으로 돌릴 수 있기 때문이다. 로마의 법관이 권리침해로 인한 정신적 손해를 배상하도록 하기 위해 가장 유용한 수단으로 사용했던 금전

배상Geldkondemnation 제도는 우리의 근대적 입증이론의 영향으로 정의가 불법에 항거하려고 시도할 때 사용되는 하찮기 짝이 없는 긴급수단으로 전락해버렸다. 원고는 자신의 금전적 이익을 몇 원 몇 전까지 세세하게 입증해야 한다. 만일 금전적 이익이 없을 때는 도대체 어떤 식의 권리보호가 이루어지는지 살펴볼 일이다! 임차인이 계약상 공동으로 사용할 권리가 있는 정원을 임대인이 사용하지 못하게 하는 경우를 생각해 보자. 임차인은 자신이 정원에 머물렀을 때 갖게 되는 이익의 금전적 가치를 입증해야 한다! 임대인이 집을 임대하고 나서 임차인이 이사하기 전에 다른 사람에게 다시 임대해버려 원래의 임차인이 다른 집을 구할 때까지 반년 동안이나 아주 비참한 주거 상태에서 살 수밖에 없었다고 하자. 사람들은 이 고통을 돈으로 계산하려고 한다! 아니 더 정확히는 법원에 가서 이 고통에 대해 보상받으려고 시도한다! 이 경우 프랑스에서는 수천 프랑을 받겠지만 독일에서는 한 푼도 받을 수 없다. 왜냐하면 독일의 법관은 아무리 커다란 불편도 돈으로 환산할 수는 없다고 대꾸할 것이기 때문이다. 어느 사설기관에 고용된 개인교사가 나중에 훨씬 더 좋은 자리를 찾아서 계약을 파기했고, 다른 교사를 구할 수 없었다. 이 기관은 몇 주 또는 몇 달 동안 학생들이 프랑스어나 미술 수업을 받지 못해 발생한 손해를 금전가치로 환산하거나 이 기관의 장이 입은 금전손해가 얼마나 되는지를 계산할 것이다. 가정부가 아무 이유 없이 집을 나가고, 해당 지역에서는 다른 가정부를 찾을 수도 없어 주인들이 커다란 곤경을 치른 경우에도 이러한 손해의 금전 가치를 입증하려고 한다. 이 모든 경우에 보통법은 아무런 도움도 줄 수 없다. 왜냐하면 보통법이 권리자에게 제공할 수 있는 도움은 일반적으로 권리자가 전혀 제시할 수 없는 증거를 전제하기 때문이다. 설령 예외적으로 그러한 증거제시가 가능할지라도 상대방이 저지를 불법에 상응할 정도로 충분한 도움을 받을 수도 없다. 이는 사실상 무법 상태와 다를 바가 없다. 우리 마음을 억누르고 아프게 하는 것은 그러한 경우에 당하는 고난과 고통이 아니라 정당한 권리가 짓밟히고, 그에 대해 아무런 도움도 줄 수 없다는 쓰라린 감정이다.

이러한 결함을 로마법 책임으로 돌릴 수는 없다. 왜냐하면 비록 로마법이 최종적 판결은 금전으로 환산해서만 선고할 수 있다는 원칙을 고수하긴 했지만 금전적 이익뿐만 아니라 다른 모든 정당한 이익도 효과적으로 보호될 수 있도록 금전 배상을 적용했기 때문이다. 금전 배상은 법관의 명령을 이행하도록 하기 위한 민사적 강제수단이었다. 즉 법관이 부과한 명령의 이행을 거부하는 피고는 책임을 부담해야 할 행동으로 인해 발생한 손해에 해당하는 금전 가치를 지불하는 것만으로는 책임에서 벗어나지 못한다. 오히려 금전 배상은 여기서는 형벌의 성격을 취한다. 그리하여 소송에서 승리한 원고는 경우에 따라서는 단순한 금전과는 도저히 비교할 수 없을 정도로 더 중요한 것, 즉 무례하기 짝이 없는 권리침해에 대한 정신적 보상을 얻을 수 있다. 오늘날 우리의 소송제도는 이러한 보상을 전혀 제공해주지 않는다. 우리의 소송제도는 이를 전혀 이해하지 못하며, 이행하지 않은 채무의 금전 가치밖에 모른다.

우리의 법실무가 로마의 민사벌Privatstrafe을 폐지한 것도 우리 현행법이 권리침해에 따른 정신적 이익에 대해 불감증에 걸렸다는 사실과 밀접한 관련이 있다. 신뢰를 저버린 유치인이나 수임인은 오늘날 더 이상 명예박탈을 선고받지 않는다. 엄청나게 파렴치한 행위도 형법을 교묘하게 피하기만 한다면 아무런 벌도 받지 않고 자유롭게 살 수 있다. 이에 반해 법학 교과서에서는 파렴치한 거짓말에 대한 벌금형과 여타의 형벌에 관해 언급하고 있지만 판례에서 그와 같은 형벌은 전혀 등장하지 않는다. 이것은 과연 무슨 의미겠는가? 우리 법에서는 주관적 불법이 객관적 불법 단계로 강등되어버렸음을 뜻한다. 파렴치하게도 자신이 돈을 빌렸다는 사실을 부인하는 채무자와 선의*bona fides*로 채무를 부정하는 상속인, 나를 속인 수임인과 단순히 부주의로 의무를 이행하지 않은 수임인, 다시 말해 고의로 파렴치한 권리침해를 저지른 것과 잘 몰랐거나 실수로 권리침해를 저지른 것을 우리 현행법은 전혀 구별하지 않고 있다. 그리하여 소송은 언제나 적나라한 금전적 이익만 대상으로 한다. 정의의 여신 테미스의 저울은 형법과 마찬가지로 사법에서도 불법을 저울질하기 위한 것이지, 그저 금전을 저울질하기 위한 것이 아니라는 생각을 오늘날의 법학적 사고방식은 완전히 도외시하고 있다. 더욱이 내가 이 생각을 말하게 되면, 오히려 그 점에서 형법과 민법이 구별된다는 반론을 당연히 예상해야 할 정도이다. 오늘날의 법에서 그렇다고? 물론 그렇다! 하지만 나는 '유감스럽게도'라는 말을 추가하지 않을 수 없다. 그렇다면 법 그 자체가 원래 그런가? 결코 그렇지 않다! 왜냐하면 이 생각에 대한 반론을 제기하고자 하는 사람은 나에게 정의의 이념이 완전히 실현되지 않아도 좋은 법 영역이 존재하고 있음을 증명해야 하기 때문이다. 오히려 정의의 이념은 책임이라는 관점을 끝까지 관철하는 것과 불가분의 관계에 있다.

근대법학이 저지른 두 번째 치명적 오류는 근대법학이 정립한 입증이론의 문제점이다. 이 입증이론은 오로지 권리가 실패하도록 만들기 위한 목적에서 고안되었다고 생각해야 할 정도이다. 만일 이 세상의 모든 채무자가 채권자의 권리를 박탈하기로 작정한다면 우리 근대법학이 입증이론을 통해 마련해놓은 것만큼 그들의 목적을 적극적으로 지원해줄 수 있는 효율적인 수단은 없을 것이다. 어떤 수학자도 우리 법학이 적용하고 있는 것보다 더 정확한 입증 방법을 정립하지 못할 것이다. 우리 법학의 입증 방법은 손해배상소송과 이익소송에서 최고조의 무지에 이른다. 그것의 잔혹할 정도의 부당성은, 한 로마 법률가(파울루스)의 표현을 빌리자면 "법이라는 외관을 달고 법 자체를 추방"하고 있으며, 프랑스 법원의 현명한 방식과 대비시켜 이 부당성을 최근의 여러 문헌에서 날카롭게 지적하고 있기 때문에 여기서는 더 이상 언급할 필요가 없다고 생각될 정도이다. 그럼에도 이 한마디는 하지 않을 수 없다. 즉 우리 입증이론은 '원고에게는 고통을, 피고에게는 행복을!'을 표어로 삼고 있다.

내가 지금까지 설명한 모든 내용을 여기서 요약한다면 바로 앞에서 말한 표어가 곧 우리 근대법학과 법실무의 표어라고 말하고 싶다. 이 표어는 유스티니아누스가 시작했던 길을 당당하게 걸어 나가고 있다. 즉 동정의 대상은 채권자가 아니라 채무자이며, 단 한 사람의 채무자를 엄격하게 취급하는 것보다는 차라리 수백 명의 채권자에게 엄청난 불법을 저지르는 것이 더 낫다고 생각한다.

잘 모르는 사람들은 민법학자들과 소송법학자들의 전도된 이론 탓에 우리가 겪고 있는 이 부분적 무법 상태가 더욱 심각해질 수도 있었음을 믿으려 하지 않을 것이다. 하지만 이 전도된 이론보다 훨씬 더 커다란 오류를 범한 것은 과거의 형법학자들이었다. 그들은 법의 이념을 학살하고, 법감정에 대해 학문의 역사에서 유례를 찾아볼 수 없을 정도로 가장 잔인한 죄악을 저질렀다. 내가 말하는 대상은 인간의 근원적 권리에 해당하는 정당방위권에 대한 치욕적인 왜곡이다. 키케로는 정당방위권이 인간 자체의 천부적 본성에 따른 법칙이라고 말했다. 그리고 로마의 법률가들은 세계의 어떤 권리도 실패할 수 없다고 믿을 만큼 순진했다("폭력에 대해 폭력으로 대응하는 것은 모든 법률과 모든 법에 비추어 허용된다*Vim vi repellere omnes leges omniaque iura permittunt*"22)). 지난 몇 세기 그리고 지금 이 세기에 살고 있다면 로마 법률가들은 그와 정반대되는 확신을 갖게 되었을 것이다! 물론 형법학자들도 정당방위권을 인정하긴 하지만 민사법학자와 소송법학자들이 채무자를 동정하는 것과 마찬가지로 범죄자를 동정하는 나머지 정당방위권의 행사를 제한 및 배제시켜서 대부분의 경우 범죄자는 보호되고, 공격당한 사람은 보호받지 못하게 만든다. 정당방위에 관한 서적을 읽어보면 인격감정의 파탄과 비겁함 그리고 단순하고 건강한 법감정의 타락과 둔화라는 엄청난 나락에 빠져 있음을 알게 된다. 그리하여 심지어 윤리적으로 거세된 사회로 전락하고 말았다고 생각할 수 있을 정도이다! 위험에 처하거나 명예훼손을 당할 상황에 있는 사람은 물러서서 도망쳐야 한다. 불법에 자리를 내주는 것은 권리의 의무이다. 다만 장교, 귀족 또는 높은 신분에 속한 사람들도 도망쳐야 하는지에 대해서는 이 현명하기 그지없으신 형법학자들의 의견이 통일되어 있지 않을 뿐이다. 형법학자들의 지시에 따라 두 번은 피했지만 세 번째는 도저히 참을 수 없어 적의 공격에 저항해 그를 죽인 불쌍한 군인은 "자신에게는 유익한 교훈으로, 타인에게는 위협의 본보기로" 사형당하게 된다!

높은 신분을 가진 사람이나 귀족 또는 장교에게는 명예를 지키기 위해 합법적인 정당방위권을 행사하는 것이 허용되어 있다고 한다. 그러나 곧바로 다른 학자가 이들의 정당방위권을 제한하면서 말하기를, 단순히 말로 모욕한 경우에는 상대방을 죽이는 정도로까지 정당방위권을 행사해서는 안 된다고 한다. 이에 반해 다른 사람들은 물론 국가공무원들에게조차도 그와 같은 권리를 허용할 수 없다고 한다. 민사사법 공무원은 "그들이 그저 법률을 따르는 사람으로 그들 자신의 모든 청구권과 관련해 란트법의 내용에 따르도록 지시받고 있으며, 그 이상의 어떤 요구도 할 수 없다"는 사실을 받아들인다. 가장 열악한 상태에 있는 것은 상인들이다. 흔히 이렇게들 말한다. 즉 "상인은 아무리 부자인 상인일지라도 그들의 명예는 곧 그들의 신용이라는 점에서 예외가 있을 수 없다. 그들은 돈을 소유하고 있을 때만 명예를 갖는다. 그들은 명예나 평판을 잃을 염려만 없다면 오명을 뒤집어쓰는 것도 감수하고, 낮은 계급에 속할 때는 견딜 만할 정도로 뺨을 때리거나 코끝을 두드리는 행위도 참고 견딘다." 만일 이 불쌍한 사람이 평범한 농부나 유대인이라면 정당방위에 대한 규정을 위반한 것에 대해 금지된 자력구제를 이유로 정상적인 형벌이 부과될 것이고, 이에 반해 다른 사람들은 "최대한 관대하게" 처벌될 것이다.

소유권을 주장하기 위한 목적에서 행해지는 정당방위를 배제하려고 동원한 방법은 매우 흥미롭다. 어떤 학자들은 소유권이 명예와 마찬가지로 그에 대한 손해를 배상할 수 있는 재화이고, 따라서 소유권은 소유물반환청구소송에 의해, 명예는 명예회복소송*actio iniuriarum*을 통해 배상이 이루어진다고 한다. 하지만 강도가 물건을 갖고 도망친 이후 그가 누구이고 어디에 있는지를 아무도 모른다면 어떻게 해야 할까? 이 경우 법적으로는 당연히 소유물반환청구소권을 보유하게 되고, "구체적인 경우에 소가 목표를 달성하지 못하게 된다면 그것은 단지 재산권 자체의 본질과는 관계없는 우연한 사정의 소산"일 뿐이라고 말한다. 그렇다면 유가증권으로 지니고 있는 자신의 전 재산을 아무 저항도 못하고 빼앗겨야 하는 사람은 자신이 여전히 소유권과 소유물반환청구소권을 보유하고, 강도는 그저 사실상의 점유자일 뿐이라는 말로 위로를 삼아야 한다! 그게 바로 학자들의 법이다! 그런 식의 말을 옹호하기 위해 모든 건강한 감정을 얼마나 완벽하게 타락과 파탄 속으로 몰아넣고 있는가! 이에 반해 또 다른 학자들은 매우 중요한 가치가 걸려 있는 경우에는 어쩔 수 없이 폭력을 사용해도 좋다고 하지만 공격당하는 사람이 극도의 흥분 상태에 있을지라도 공격을 물리치기 위해 어느 정도의 힘이 필요한지를 매우 정확하게 숙고해야 한다는 의무를 부과한다. 그리하여 공격받은 사람이 두개골의 강도를 사전에 조사하고 또한 충분히 연습까지 해서라도 훨씬 덜한 강도의 가격만으로도 공격을 물리칠 수 있었음에도 필요 이상으로 강하게 공격자의 두개골을 가격했다면 그는 책임이 있다. 이에 반해 예컨대 금시계나 몇 십 또는 몇 백 굴덴이 들어 있는 지갑과 같이 별로 가치가 높지 않은 대상에 대한 공격일 때는 공격받는 사람이 상대방에게 어떤 해악도 부과해서는 안 된다고 한다. 육체, 생명 그리고 신성한 사지를 어떻게 하찮은 시계와 비교할 수 있을 것인가? 한쪽은 얼마든지 대체가 가능하지만 다른 한쪽은 결코 대체할 수 없는 재화이기 때문이다. 이는 어느 누구도 부정할 수 없는 진리가 아닌가! 그러나 이 이론은 두 가지 점을 간과하고 있다. 첫째, 시계는 나의 것이고, 사지는 강도의 것이며, 강도의 사지는 자신에게는 매우 높은 가치가 있겠지만 나에게는 하등의 가치도 없다. 둘째, 대체할 수 있다면 도대체 누가 나에게 나의 시계를 대체하는 배상을 해준단 말인가?

이 현학적 우둔과 착각에 대한 이야기는 이 정도로 충분하다. 대상이 설령 시계 하나에 불과할지라도 권리에 대한 공격이나 침해는 곧 권리의 주체인 인격 자체와 인격의 모든 권리에 대해서까지도 공격과 침해가 이루어지는 것이라는 건강한 법감정이 갖고 있는 사고방식을 완전히 도외시한 채 자기 권리를 포기하고 불법으로부터 도망치는 것을 법의무로 승격시키는 학문을 보면서 우리는 도저히 부끄러움을 감출 수 없다! 그런 식의 생각이 학문이라는 이름으로 대로를 활보할 수 있었고, 비겁의 정신과 불법의 감수가 민족의 운명까지 결정했던 시대에 그것이 과연 놀라운 일이겠는가? 적어도 시대가 변했음을 체험한 우리에게는 분명 놀라운 일이다. 그런 식의 생각은 이제 불가능한 것이 되었으며, 정치적·법적으로 파탄한 민족생활의 늪 속에서나 번성할 수 있는 생각일 뿐이다.

내가 방금 설명한, 위협받는 권리를 포기하는 것을 의무로 만드는 비겁한 이론을 통해 나는 내가 옹호하는 이론과는 학문적으로 극단적으로 대립되는 이론을 다루었다. 내가 옹호하는 이론은 이와는 정반대로 권리를 위한 투쟁을 의무로 규정한다. 최근의 철학자 헤르바르트Herbart가 펼친 견해의 수준은 극단적으로 저급하지는 않지만 건강한 법감정이 차지하는 높은 위상에 비추어 볼 때는 법의 궁극적 근거에 대해 상당히 저급한 내용을 담고 있다. 즉 헤르바르트는 법의 궁극적 근거가 ─ 이렇게 말고는 달리 표현할 길이 없다 ─ 투쟁에 대한 혐오감이라는 미학적 동기에 있다고 본다. 이 견해가 전혀 근거가 없다는 점을 여기서 자세히 밝힐 수는 없다. 다만 여기 나와 있는 나의 친구의 설명[23]을 그대로 원용할 수 있어서 다행으로 여긴다.

법을 평가할 때 미학적 관점이 정당한 관점이 된다면 나로서는 미학적 아름다움이 법에서 투쟁을 배제하는 쪽으로 작용한다고 보기보다는 자체에 투쟁을 내포하고 있다고 보아야 할 것으로 생각한다. 어쨌든 투쟁에 대한 혐오감이라는 헤르바르트의 주장과는 정반대로 나는 투쟁에 대한 호감이 법의 궁극적 근거가 된다고 확신하고 있음을 분명히 밝힌다. 물론 이 투쟁은 당연히 말싸움이나 쓸데없는 다툼을 뜻하는 것이 아니라 인격이 자기 자신과 자신의 온 힘을 기울여 수행하는 고결한 투쟁을 의미한다. 그리고 이 투쟁은 자기 권리를 위한 것일 수도 있고, 민족의 권리를 위한 것일 수도 있다. 이러한 의미의 투쟁에 대한 호감을 비난하고자 하는 사람은 호메로스의 『일리아드』와 그리스의 조형예술작품에서 시작해 오늘날에 이르기까지의 모든 문학과 예술을 부정해야 할 것이다. 왜냐하면 문학과 예술에서 투쟁과 전쟁만큼 확실한 매력을 가진 소재는 없기 때문이다. 그렇지 않다면 조형예술과 문학이 투쟁과 전쟁을 통해 그렇게도 찬미한, 인간의 힘이 고도로 긴장된 상태에서 표출되는 연극이 미학적 만족감 대신 미학적 혐오감을 불러일으키게 될 소재를 이제부터 찾아나서야 할 것이다.

    그러나 미학이 아니라 윤리학이 무엇이 법의 본질에 상응하고 무엇이 법의 본질에 모순되는지에 대해 대답해주어야 한다. 윤리학은 권리를 위한 투쟁을 비난하기는커녕 오히려 이를 의무로 요구한다. 헤르바르트가 법개념으로부터 제거해버리고자 하는, 투쟁이라는 요소는 법에 영원히 내재하는 근원적 요소이며, 투쟁은 법의 영원한 노동이다. '얼굴에 땀을 흘려서 너의 빵을 먹어야 한다!'라는 말이 진리이듯이 '너는 투쟁을 통해 너의 권리를 찾아야 한다!'라는 말도 똑같이 진리이다. 권리가 투쟁을 벌일 태세를 포기하는 순간 권리는 스스로를 포기하는 것이다. 왜냐하면 권리에 대해서도 시인의 다음과 같은 말이 적용되기 때문이다.

지혜의 마지막 결론은 이것이다.
날마다 자유와 생명을 쟁취해야 하는 자만이
진정 자유와 생명을 누릴 자격이 있도다.

■ 주

1) 이 인용은 나의 『로마법의 정신Geist des römischen Rechts』 2권, 1장, § 28 (제3판, 70페이지)에 따른다.
2) 이 입장에 대해 슈탈J. Stahl은 거의 조롱에 가까운 비판을 퍼붓는다. 이에 관한 그의 의회 연설은 나의 『로마법의 정신』 2권, § 25 각주 14에 지적되어 있다.
3) 나중에 더 자세히 다루게 되는 클라이스트의 소설 『미하엘 콜하스』에서 클라이스트는 주인공 콜하스의 입을 통해 이렇게 말한다. "내가 이렇게 짓밟혀야 한다면 사람이 아니라 차라리 개가 되겠다!"
4) 이 점에 대해서는 나중에 다시 다루겠다.
5) 여기에서 이 주장을 공법적 관점에서 자세히 논의할 수는 없다. 다만 몇 가지만 짧게 지적하고자 한다. 여러 신분계급이 특히 자신의 삶의 기초를 형성하는 모든 제도에 대한 침해에 매우 민감하게 반응하는 것과 마찬가지로 국가도 국가의 존립을 위한 원칙을 실현하고 있는 제도들에 대한 침해에 민감하게 반응한다. 국가의 민감성 정도와 국가의 제도에 부여되고 있는 가치를 판단하는 기준은 형법이다. 형사 입법과 관련해 형벌의 경중에 관련된 차이는 대부분 정신적 실존 조건이라는, 앞서 말한 관점에 기초한다. 모든 국가는 국가의 고유한 존립 원칙을 위협하는 범죄를 가장 중하게 처벌할 것이고, 그 밖의 범죄에 대해서는 통상의 최소한의 형량만 부과할 것이다. 예컨대 신정국가는 신에 대한 모독이나 우상 숭배를 극형에 처할 범죄로 낙인찍는 데 반해 토지나 건물의 경계선 표시를 조작한 행위에 대해서는 통상의 절도죄의 형벌만으로 충분하다고 여길 것이다. 이에 반해 농경국가는 절도죄를 무겁게 처벌하고, 신을 모독하는 죄는 경한 형벌로 다스릴 것이다.

상업 국가는 화폐위조나 위조 범죄 전체를, 군사 국가는 명령불복종과 복무위반을, 절대국가는 대역죄를, 공화국은 왕정복고 기도를 가장 큰 범죄로 여길 것이다. 그리고 이러한 중죄를 다른 범죄를 처리하는 방법과는 아주 다르게 엄하게 다스릴 것이다. 따라서 국가나 개인이 갖고 있는 법감정에 따른 반작용은 그들 나름의 삶의 조건에 위협을 느낄 때 가장 강렬하게 나타난다. 이러한 측면을 잘 아는 사람이라면 내가 설명한 이 내용이 몽테스키외의 불멸의 업적(『법의 정신』)을 통해 인식되고 구체적으로 전개된 사상을 그대로 채용했을 뿐임을 알 것이다.

6) 이와 관련된 흥미로운 증거는 주로 대학교 학생들 덕분에 먹고 사는 조그마한 대학 도시들이다. 즉 대학 도시 학생들이 돈을 쓰는 행태와 습성이나 시민들의 행태나 습성은 자연스럽게 비슷해진다.

7) 이에 관해서는 나의 『로마법의 정신』 3권, § 60을 참고.

8) 로마인들은 이미 있는 법률을 폐지하는 것을 썩 좋아하지 않았다. 그렇지만 법률에 반하는 관습이 존재하거나 법률이 전혀 이용되지 않는 경우 해당 법률이 사실상으로 효력을 갖지 못하게 되는 것은 허용했다. ― 옮긴이

9) 법을 잘 모르는 독자들을 위해 다음을 지적하고자 한다. 이 민중소송 *actiones populares*은 원하는 사람은 누구나 법률의 대변자로 행동하고, 법을 위반한 자에게 책임을 추궁할 수 있는 기회를 주었다. 더욱이 예컨대 공중의 통행을 방해하거나 위험하게 만드는 것과 같이 전체 공중과 원고의 이익에 관련된 경우뿐만 아니라 법률 행위와 관련해 미성년자를 기망하거나 후견인이 배임 행위를 한 경우 또는 폭리를 강요하는 경우와 같이 자신을 제대로 방어할 능력이 없는 사람들에게 불법이 행해질 때도 민중소송이 가능했다(이러한 사례 및 이와 유사한 사례들에 관해서는 나의 『로마법의 정신』 3권, 107페이지 이하[제2판, 111페이지 이하]를 참고). 이 민중소송은 자신의 이해관계와 관계없이 법을 오로지 법을 위해 요구하는 이상적 감정에 기초한 것이었다. 물론 어떤 경우에는 원고가 피고에게 벌금이 부과될 것을 기대함으로써 상당히 비열한 동기에 기인하는 경우도 있었다. 이 때문에 이와 같은 민중소송, 더 정확히는 영업적 목적으로 행하는 민중소송은 마치 보상금을 타기 위해 밀고하는 것과 같은 오점을 갖고 있었다. 두 번째 유형에 해당하는 민중소송은 후기 로마법에서 사라졌고, 첫 번째 유형의 진정한 민중소송은 우리 시대에 비로소 사라졌다는 나의 설명을 접한다면 독자들은 누구나 어떤 결론을 내려야 할지를 알 것이다. 즉 민중소송이 염두에 두었던 사실상의 전제조건 자체가 없어졌다고 결론내릴 것이다.

10) "법률 없으면 소도 없다." 이에 관한 자세한 내용은 나의 『로마법의 정신』, 2권, 666~675페이지[제2판, 630~639 페이지]를 참고.

11) 내가 보기에 샤일록이 우리에게 자아내는 비극적 관심은 바로 이 점에 근거한다. 사실 샤일록은 자기 권리를 사기 당했다. 적어도 법률가라면 이 사실에 주목해야 할 것이다. 물론 작가에게는 자신 나름의 법학을 만들 자유가 있다. 따라서 셰익스피어가 『베니스의 상인』에서 나름의 법리를 펼쳤다는 사실, 더 정확히는 고대의 우화를 그대로 사용했다는 사실을 유감스럽게 생각하려는 것은 아니다. 그러나 법률가로서 이에 대해 비판을 가하고자 한다면, 다음과 같이 말하지 않을 수 없다. 즉 문제의 증서는 공서양속에 반하기 때문에 처음부터 무효이다. 법관은 이를 근거로 샤일록의 요구를 거부해야 했다. 현명한 다니엘이 그렇게 하지 않고, 증서의 효력을 인정해 살아 있는 육체에서 1파운드의 살을 도려낼 권리를 부여하면서도 피는 한 방울도 흘려서는 안 된다는 조건을 붙인 것은 비겁한 핑계이며 한심한 법 왜곡자의 간계일 뿐이다. 다니엘이 옳다면 어떤 법관은 아마도 토지에 발자국을 남기지 않는다는 조건하에 토지를 통과할 권리를 토지사용권자에게 부여할 수 있으리라. 왜냐하면 토지사용권을 설정하면서 그런 내용을 약속하지는 않기 때문이다. 샤일록 이야기는 이미 고대 로마에서도 있었다고 믿어도 좋다. 왜냐하면 12동판법의 기초자들은 채권자가 채무자의 살을 도려내는 *in partes secare* 경우 살 조각의 크기는 채권자의 자유에 맡긴다는 점을 명백히 규정할 필요가 있다고 생각했기 때문인데, "너무 많이 가져가거나 너무 적게 가져가더라도 채권자의 불법이 되지 않는다!*si plus minusve secuerint, sine fraude esto!*"라는 규정은 샤일록의 경우에도 해당된다.

12) 리비우스Livius의 전승에 따르면 12동판법의 제정을 위탁받은 10인관들이 폭압적 행태를 보이자 이에 대해 시민들이 저항했고 결국 10인관의 입법위원회는 폐기되었다고 한다. ― 옮긴이

13) 나 자신은 이미 예전에 이 문제를 다루었다. 이에 관해서는 나의 책 『로마 사법에서의 책임 요소*Schuldmoment im römischen Recht*』, Gieβen 1867, 61페이지를 참고하라. 내가 지금은 이 문제를 달리 생각하게 된 것은 지금 여기서 설명하고 있는 주제를 오랫동안 다룬 덕택이다.

14) 앞의 각주에서 제시한 책의 8~20페이지를 참고.

15) 다른 실례들에 관해서는 앞의 책 14페이지를 참고.

16) 이에 관해서는 앞의 책 제2부의 20페이지 이하에서 자세히 다루고 있다.

17) 금지되는 행위를 통해 물건을 점유하게 된 자에 대해서는 집정관이 형벌 대

신 금지명령을 부과해 여타의 폭력적 행위를 하지 못하도록 할 수 있었다. 이 명령에 따르면 물건을 다시 돌려받으려는 정당한 권리자에게 저항하지 못하며, 권리자의 점유를 방해하는 어떤 행위도 해서는 안 되었다. ― 옮긴이

18) 조종소권의 경우 원고의 소유권을 확인해야 하는 법관은 먼저 소유권을 확인하는 중간결정 *pronuntiatio*을 내린다. 이 중간결정에 따라 피고는 원고에게 자발적으로 물건을 반환해 물건의 수배에 달하는 배상을 하도록 명하는 종국판결을 피할 수 있었다. 또한 거의 대부분 금전으로 배상을 명령하는 고전 로마법상의 판결에 비추어 볼 때 조정소권의 인정은 금전보다는 물건 자체를 더 중시하는 원고로 하여금 물건을 반환받을 수 있는 가능성을 제공했다. ― 옮긴이

19) 이는 특히 이른바 복수를 위한 소 *actiones vindictum spirantes*(특히 모욕행위에 대항하기 위해 많이 제기되었던 이 소는 물질적 보상보다는 개인적 복수심을 충족하기 위해 이용된 형벌적 소송이었다. 따라서 소권이 있는 자가 사망한 때는 이 소권이 상속인에게 이전되지 않았다 ― 옮긴이)에서 특히 첨예한 방식으로 강조되었다. 이 소에서는 금전이나 재화를 대상으로 하는 것이 아니라 침해된 법감정과 인격감정의 충족이라는 관념적 측면("금전보다는, 복수가 원인이다 *magis vindictae, quam pecuniae rationem*", 1.2. § 4 *de coll. bon.* 37. 6)이 극단적으로 관철되고 있다. 따라서 이 소권은 상속되거나 양도될 수 없으며, 파산 시에도 파산채권자가 집행할 수 없으며, 비교적 단시일 내에 소멸하고 또한 피해자가 자신에게 불법이 가해졌음을 전혀 느끼지 않은 것("마음에 전혀 상기되지 않았다 *ad animun suum non revocaverit*", 1. 11. § 1 *de injur.* 47. 10; 판덱텐의 이 구절은 다음과 같다: "모욕을 모욕으로 느끼지 않은 사람, 즉 모욕을 당한 후 즉시 모욕이 마음에 상기되지 않은 사람은 나중에 모욕으로 인해 고통을 느낄지라도 이미 받은 모욕을 다시 상기할 수 없다" ― 옮긴이)으로 밝혀지면 소 자체가 성립하지 않았다.

20) 특히 고대의 소송형벌(이에 관해서는 앞에서 인용한 나의 책 58페이지를 참고하라) 중 가장 무거운 형벌을 제거한 것이 여기에 속한다. 고대의 건전한 엄격성이 후대의 여성스러운 나약함에게는 마음에 들지 않았던 모양이다.

21) 유스티니아누스 법전에 따르면 금전채무에 대한 문서는 특정한 채무원인(*causa*; 예컨대 소비대차)에 대한 채무자의 서면 선서를 내용으로 할 때만 효력을 가졌다. 이 문서를 확실한 채권증서 *cautio discreta*라고 한다. 이에 반해 문서

가 막연한 채무약속만 내용으로 하고 있을 때는 하자 있는 채권증서라고 한다. 이 경우에는 채무자가 별도로 채무를 승인하는 과정을 거쳐야만 법적 의미의 채권이 성립했다. — 옮긴이

22) 이 법 격언은 K. Levita, *Das Recht der Notwehr*, Gieβen 1856, 158페이지 이하에 설명되어 있다.

23) Julius Glaser, "Gesammelte kleine Schriften über Strafrecht", *Zivil- und Strafprozeβ*, Wien 1868, B. I, 202페이지 이하.

법감정의 형성에 관하여

Über die Entstehung des Rechtsgefühles

* 이 강연문은 예링이 1884년 3월 12일에 빈 법률가협회에서 행한 강연의 초고이다. 이로부터 12년 전인 1872년에 같은 장소에서 예링이 행한 강연의 제목이 '권리를 위한 투쟁'이었다. 이 12년의 기간 동안 예링의 사상은 자신의 사고에 남아 있던 자연법적 잔재들을 완전히 청산하고, 법과 도덕 자체가 역사적 발전의 산물이고, 발전의 동력은 사회적 효용을 증대시키는 '목적'에 있다는 목적사상을 정립하게 된다. 예링 법사상에서 매우 중요한 전환점에 해당하는 이 강연문은 강연 직후 빈 법률가신문에 실리긴 했지만 이후에는 다시 출간된 적이 없다. 예링 본인도 강연에서 나중에 이 강연을 책으로 출간하겠다는 언급을 했지만 실천에 옮기지는 않았다. 하지만 이 강연은 1877년에 제1권이 출간된 그의 주저 『법에서의 목적*Der Zweck im Recht*』이 어떤 이론적 배경 하에서 탄생했는지를 감지할 수 있게 해주는 중요한 문헌이다.

나의 오늘 강연은 어떤 의미에서는 지난번에 빈 법률가협회에서 했던 '권리를 위한 투쟁'이라는 강연과 맞물려 있다. 두 강연 모두 법감정을 대상으로 삼고 있다. 지난번 강연은 법감정의 실천적 활동, 즉 법감정을 파렴치하게 말살하는 행위에 대한 도덕적이고 실천적인 반작용을 대상으로 삼았다. 그 강연에서 내가 마치 분란과 소송중독을 찬양하기라도 했던 것처럼 오해하는 사람들이 있다. 하지만 나는 권리를 말살하는 행위에 저항하는 건강하고 강렬한 법감정만을 옹호할 뿐이다. 이 점에서 오늘 나의 강연 역시 똑같은 목표를 대상으로 삼고 있다. 다만 법감정의 내용이라는 다른 측면, 즉 우리가 갖고 있는 법감정을 구성하고 있다고 여겨지는 최상의 원칙과 진리의 내용이 어디에서 기인하는가라는 물음을 다룬다는 점에서 지난번 강연과 차이가 있을 뿐이다. 다시 말해 우리의 법감정의 내용을 형성하는 이 진리는 태어날 때부터 갖고 있는 것인가? 즉 우리가 의식하려고만 하면 이 진리는 우리에게 너무나도 당연한 것인가? 아니면 이 진리는 역사의 산물인가? 만일 누군가가 몇 년 전에 이 질문을 던졌다면 나는 아마도 별다른 생각 없이 우리의 법감정은 타고난 것이라고 대답했을 것이다. 그리하여 이와 반대되는 생각을 옹호하려는 사람을 전혀 이해하지 못했을 것이다. 몇 년 전만 하더라도 나는 인간 스스로에게 이러한 진리가 내재해 있고, 이 진리는 우리 마음 깊숙한 곳에 자리 잡고 있기 때문에 이와는 다른 생각을 가질 여지가 전혀 없다고 여겼다. 그러나 점차 내 마음속에 의문이 들기 시작했다. 그리고 이 의문은 내가 여기서 자세히 말할 필요가 없는 길로 나를 인도했다. 짧게 말하면 그것은 역사의 길과 비교의 길이다. 즉 나는 문화민족들의 발전 과정의 초기 단계에 우리의 법감정이 타고난 진리라는 전제와는 결코 합치하지 않는 법제도들을 알게 되었고, 한 민족 내에서도 본질적이고 근원적인 도덕적 문제와 관련해 서로 모순되는 입장들이 있다는 점도 알게 되었다. 그리하여 나는 점차 도덕적·법적 진리는 결코 생래적일 수 없다는 느낌을 갖게 되었다. 만일 그러한 진리가 타고난 것이라면 이 진리를 나중에야 깨달은 민족에게 이미 예전부터 타당한 것이었다고 보아야 한다. 하지만 이 진리는 과거에도 타당한 진리였던 것은 아니며, 이 진리가 감정에 아주 낯설던 시대가 분명히 있었다. 이로써 나는 차츰차츰 생래적 도덕적·법적 진리에 관한 이론들이 전혀 근거가 없다는 생각을 갖게 되었고, 이제는 이 점을 확신하는 상태에 이르렀다. 나는 내가 이 점을 처음 깨달았을 때 나 자신에 대해 상당히 놀랐다는 사실을 결코 숨길 생각이 없다. 나는 내가 그렇게 확고한 것이라 여겼던 발밑의 땅이 뒤흔들리는 느낌이 들었고, 이러다가는 나의 성스러운 확신과 함께 나 자신을 송두리째 삼켜버릴 심연에 빠질 것 같은 공포감을 느꼈다. 나는 분명 그런 위험을 뚜렷이 의식했지만 그 때문에 겁을 집어먹고 뒤로 물러나지 않았음을 기쁘게 생각한다. 왜냐하면 내가 나의 견해를 이유로 나의 도덕적 확신을 희생시켜야 할 필요는 없었기 때문이다. 다만 나의 도덕적 확신의 근거가 달라졌을 뿐이다. 즉 인간에게 도덕적 진리를 심어주었다고 흔히 말하는 자연 대신 역사가 그러한 근거가 되었다. 나는 자연과 역사 모두 신의 계시라고 생각한다. 나는 신을 모든 윤리적·도덕적 세계의 궁극적 근원으로 여긴다. 그렇지만 나는 신이 오로지 자연 속에서만 계시해야 한다고 생각하지 않는다. 오히려 신의 계시는 역사 속에서도 이루어진다고 믿는다. 미리 말하지만, 내가 영광스럽게도 오늘 강연을 통해 피력할 수 있게 된 견해는 결코 윤리 이념의 신성함에 흠집을 내는 것이 아니라 오히려 나의 견해를 통해 그것이 참으로 온당한 것임을 밝힌다고 확신한다.

나는 먼저 두 가지 서로 대립되는 이론의 성격에 대해 간략하게 설명하겠다. 첫 번째 이론을 나는 자연주의적 nativistisch 이론이라고 부른다. 자연주의에 따르면 우리는 자연이 부여한 도덕을 태어날 때부터 갖고 있다고 한다. 두 번째 이론은 역사적 historisch 이론인데, 이에 따르면 역사가 우리에게 무엇이 도덕인지를 알게 해주었다고 한다. 내가 오늘 강연에서 다루고자 하는 물음을 극단적으로 단순화시켜 표현한다면 '도덕의 연원은 자연인가 아니면 역사인가?'라고 말해도 좋을 것이다. 이 지점에서 잠시 한 가지 사정을 추가해야 할 필요가 있다. 내가 내 나름의 견해를 갖게 될 때만 하더라도 나의 견해가 모든 시대와 모든 민족에 걸쳐 가장 탁월한 사상가들 중 하나인 영국인 로크 John Locke가 이미 나와 같은 견해를 피력했다는 사실을 알지 못했다. 법률가인 나로서는 그러한 무지를 충분히 용서받을 수 있으리라 여긴다. 왜냐하면 법철학과 윤리학에 관한 독일어권의 서술에서 로크의 철학은 등장하지 않기 때문이다. 나로서는 로크가 자신의 견해를 옹호한 이후 철학은 왜 그저 편안한 자세로 그의 사상을 따르지 않았는지를 이해할 수 없다. 로크는 기억에서 사라졌고, 그래서 나는 어떤 일이 있더라도 그의 사상에 대해 제대로 된 평가를 할 수 있도록 사상적 기여를 할 수 있다고 생각했다. 물론 나는 로크 사상을 그대로 재현하려는 것이 아니라 조금은 다른 방향으로 완성시키고자 했다. 내가 이 사실을 여기서 추가한 이유는 혹시나 나의 견해를 완전히 독창적인 것으로 오해할지도 모른다는 우려 때문이다.

일단 두 이론에 대해 설명해보기로 하자. 첫 번째 이론인 자연주의를 먼저 살펴보자. 자연주의는 기원이 고대 그리스에까지 거슬러 올라간다. 그리스인들은 법과 관련해 자연 자체가 우리에게 심어준 '자연법*physei dikaion*'과 그저 인간이 제정했다는 이유로 권위를 갖는 '제정법*thesei dikaion*'을 구별했다.

이렇게 법과 관련해 두 가지를 대립시키는 사고는 대다수의 철학적 이념이 그렇듯이 그리스인들로부터 로마 법률가들에게 전수되어 우리 법률가들에게 아주 익숙한 형태인 시민법*jus civile*과 만민법*jus gentium* 사이의 대립으로 연장된다. 즉 시민법은 자체의 본질적 정당성을 갖지 않고, 가변적이며 사라지는 법이다. 이에 반해 만민법은 내재적 필연성에 기초하기 때문에 장소를 초월해 모든 민족에게 똑같이 적용되는 법이다. 그것이 곧 영원한 진리이자 영원한 정의로서의 법이라는 기준이었다. 로마법학을 통해 이 이론은 중세를 거쳐 우리에게까지 전승되었고, 오늘날의 법철학에서도 살아 숨 쉬고 있다. 다시 말해 철학자들의 사상이 결국 우리 법률가에게까지 영향을 미치고 있는 셈이다. 이 이론은 현재 어느 누구도 의문을 제기하지 않을 정도로 높은 명성을 구가하고 있다. 하지만 이 이론에도 여러 가지 종류가 있다. 그런데도 지지자들은 그러한 다양성을 뚜렷하게 의식하고 있지 못하는 것 같다. 그들은 자신들이 지지하는 이론에 반대되는 이론이 있음을 생각하지 않은 탓에 자신들의 이론 내부에 있는 다양성도 전혀 의식하지 못하게 되었다. 그렇기 때문에 나는 나의 이론적 적대자들에게 그들 자신의 이론에 대해 가르침을 주지 않을 수 없다. 나는 자연주의 이론을 세 가지 종류로 나누고, 이 세 가지 종류를 물질주의적 견해라고 부른다. 첫 번째 물질주의적 견해는 일상의 삶 속에 널리 퍼져 있는 소박한 견해이다. 두 번째 물질주의적 견해는 주로 학문의 영역에 속하는 진화론적 견해이고, 세 번째 물질주의적 견해는 형식주의적 견해이다. 첫 번째의 소박한 물질주의적 견해는 도덕적 진리로서의 최고의 법원칙들은 자연 자체에 의해 이미 지시되어 있다고 생각한다. 그렇기 때문에 그저 우리의 법감정이나 우리의 이성에 물어보기만 하면 그러한 진리가 저절로 밝혀진다고 한다. '도둑질하지 마라!, 강도짓하지 마라!, 살인하지 마라!, 거짓말하지 마라!' 등의 명령은 모든 사람에게 그 자체로 이미 명확하다는 것이다. 그게 바로 첫 번째 물질주의적 견해이다. 이 견해에 따르면 도덕의 모든 본질적 내용은 이미 감정 또는 이성 속에 지시되어 있다고 한다. 두 번째 물질주의적 견해를 나는 진화론적 견해라고 부른다. 이 견해에 따르면 근원적인 원칙의 모든 내용은 자연 자체에 의해 이미 지시되어 있는 것이 아니라 단지 싹이 우리 속에 심어져 있을 뿐이라고 한다. 따라서 심어져 있는 이 싹을 키워야 하는데, 이 일은 역사 그리고 철학자의 사유가 맡는다고 한다. 법철학의 가능성 역시 바로 이 점에 근거한다. 즉 법철학은 법감정의 품속에 감추어져 있는 것을 끄집어내 바깥으로 드러나게 해, 이를 학문적 맥락 속에 집어넣는다. 물론 이 진화론적 견해도 자연이 영원한 진리의 마지막 싹을 인간의 마음속에 심어놓았다고 생각한다.

마지막 세 번째 견해는 형식주의적 견해이다. 이 견해는 앞의 두 견해에 반대하는 우려 속에서 탄생했다. 즉 형식주의는 인간에게 오로지 아무런 내용이 없는 충동만 부각시킨다는 점에서 앞의 두 견해로부터 벗어나고자 한다. 겉으로 보면 이 세 번째 견해가 최상의 견해인 것처럼 보인다. 이 견해는 우리가 자연 속에서 보는 바로 그것만을 요구하기 때문이다. 즉 우리 삶과 관련된 법규의 연원은 자기보존의 충동이며, 이러한 도덕적 충동이 곧 모든 도덕적 진리의 근거라고 한다. 그러나 내 생각으로는 이 견해는 엄청난 기만이고, 달갑지 않는 필연성을 피하기 위해 궤변을 동원한 술책에 불과할 뿐이다. 나는 내용이 확실하지 않은 충동이라는 건 생각조차 할 수 없다. 단순한 충동이라는 말을 우리는 전혀 이해할 수 없다. 이에 대해서는 더 이상 설명하지 않겠다. 내가 이제 펼치는 반론은 세 가지 견해 모두에 해당된다. 내가 지금까지 설명한 견해들의 구별은 그저 문헌사적 가치만을 갖고 있을 뿐이다.

내가 여기서 반박하고자 하는 이론은 자연이 인간에게 — 이 점이 앞서 말한 세 가지 견해의 공통점이다 — 어떤 특별한 장치를 이미 부여해놓았다는 이론이다.

나는 결코 그렇지 않다고 생각한다. 자연이 인간에게 도덕을 찾아낼 수 있도록 이미 부여해놓은 장치만으로 충분하고, 인간은 시간의 흐름 속에서 자신에게 가해진 작용의 영향 속에서 도덕의 원칙을 찾아내기만 하면 된다는 이론은 나 자신마저도 그쪽 방향으로 경도된다고 말할 정도로 얼핏 보기에는 상당히 설득력을 가진 것처럼 보인다. 자기보존 충동이 법을 만들기에 우리는 법률의 생성에 결정적 영향을 미치는 충동을 갖고 있다는 식의 설명은 상당히 그럴듯하게 들린다. 하지만 그런 식의 설명은 허상에 불과하다는 것이 나의 생각이다. 자기보존 충동은 동물도 갖고 있다. 그렇다면 이러한 단순한 충동을 이유로 동물도 도덕적 원칙을 갖는다고 말해야 할까? 자기보존은 자연과 관련된 것이다. 도덕 세계를 수립했던 법이 자기보존에 따른 것이라면 자기보존의 권리와 의무를 가진 개인은 도덕적 성격을 갖게 된다. 하지만 이 점에 관한 한 개인은 동물과 같은 단계에 머물러 있을 뿐이다. 내 생각으로는 법감정, 즉 법적 진리와 도덕적 진리의 내용이라는 의미의 도덕적 감정은 역사의 산물이다. 법률규정, 법제도, 도덕규범 등은 이러한 감정을 통해 미리 정해져 있는 것이 아니라 삶의 힘, 즉 실천적 필요성이 법적 제도들을 낳게 된 것이다. 이러한 제도들의 맹아가 일단 존재하게 되고,

그것이 다시 현실 속에 투영된 이후에야 비로소 하나의 법제도가 형성되는 것이다. 인간의 감정은 이러한 내용을 확장한다. 어떻게 그러한 확장이 이루어지는가에 대해서는 나중에 설명하겠다.

우리의 법감정은 역사 속에서 발생한 실제 사실에 의존한다. 그렇지만 법감정은 단순한 사실을 뛰어넘는 그 무엇인데, 법감정이 구체적인 것을 일반화하고, 이를 통해 일정한 명제들로 집약되기 때문이다. 물론 법감정과 관련된 명제들이 그대로 법제도 속에 포함되는 것은 아니다. 지금까지 나는 두 가지 이론 사이의 대립을 개략적으로 설명했다. 이제부터는 두 이론에 대해 비판을 가해보기로 하겠다.

나는 자연주의와 역사주의라는 두 이론을 자연 고찰, 역사 그리고 우리 내면의 심리학이라는 세 가지 관점에서 비교하고, 이 세 관점의 측면에서 두 이론이 어떤 입장에 있는지를 추적해보겠다.

먼저 자연의 관점을 살펴보자. 이와 관련해 나는 자연이 독자적 창조물이고, 그래서 자연은 모순이나 비약을 알지 못하며, 자연 속에서 더 낮은 것과 더 높은 것 그리고 가장 높은 것이 있다고 말하는 것은 순전히 사유의 산물일 뿐이라는, 근대 자연과학의 관점을 취한다. 이처럼 낮은 것과 높은 것을 구별하는 것이 사유의 산물일 뿐이라는 데서 출발해 두 가지 이론을 검토하면 자연주의 이론은 그 자체 모순이다. 왜냐하면 이 이론은 인간에게 주어져 있는 자기보존의 충동을 전제했다가 다음에는 이와는 정반대되는 충동인 도덕적 충동을 전제한다. 즉 이 이론에 따르면 자연은 처음부터 분열된 상태에서 우리 마음 한구석에는 이기주의를, 다른 한구석에는 도덕을 심어주었다는 것이다. 그렇다면 우리는 얼마나 불행한 존재인가! 이쪽에서는 이기주의가, 저쪽에서는 도덕이 우리를 지배한다니! 나는 이 자연주의 이론을 심리학적 이원주의라고 부른 적이 있는데, 이는 정말 타당한 표현이다. 이 이원주의가 갖는 가치에 대해 자세히 설명할 필요조차 없이 이미 자연의 관점에서 이러한 이원주의는 거부해야 마땅하다.

이에 반해 나의 견해는 자연과 완벽하게 합치한다. 즉 자연은 인간과 동물 모두에게 이기주의를 심어주었고, 다만 인간은 정신의 힘을 통해 긴 시대를 거치면서 도덕적 세계질서를 창조해 낸 것이다.

나의 견해가 옳음을 증명하는 데는 인간의 이성과 인간의 경험 그리고 경험을 통해 배울 수 있는 능력을 지적하는 것 이상의 다른 증거는 필요치 않다.

인간은 경험으로부터 배울 수 있는 능력을 갖추고 세계에 발을 들여놓았다. 세계에 들어서면서 인간은 곧바로 다른 사람과 함께 살고자 한다면 일정한 법칙에 복종해야 함을 알게 된다. 이러한 경험들이 누적되다보면 타인과의 공동생활에 관한 원칙들이 모습을 갖추게 된다. 즉 개인들과는 별도로 독자적 요구를 제기하는 사회가 형성된다. 그리하여 이제 개인의 자기보존은 사회 속에서 요구되는 자기보존이 된다.

  자기보존! 내가 말하는 자기보존에는 그저 외적 삶의 유지라는 의미뿐만 아니라 자기주장도 포함된다. 이러한 자기보존 충동은 사회의 고차적 영역에서도 반복되고, 이 충동으로부터 도덕이 형성된다. 왜냐하면 도덕은 바로 사회적 존재의 질서이기 때문이다. 이 질서는 국가의 외적 권력인 법률을 통해 유지될 수도 있고, 사회 자체의 권력, 즉 여론의 힘을 통해 관철될 수도 있다. 그때에야 비로소 우리는 도덕이나 윤리라고 말하게 된다. 이 모든 요소는 사회의 존립, 더 정확히는 행복한 존립과 사회의 복리를 목적으로 삼는다. 그러므로 나는 도덕이나 윤리의 성립과 관련해 확고한 생각을 갖고 있다. 즉 도덕은 개인에서 출발해서 사회로 고양되며, 그런 이후에 비로소 사회가 개인에게 '우리의 욕구와 우리 요구에 복종하라!'는 요청을 제기한다. 도덕은 사회와 함께 시작한다. 여기까지가 나의 첫 번째 고찰이다.

  이제부터는 다른 물음을 다루어보자. 도덕이 사회와 함께 시작한다는 반대논거가 아예 없다고 가정해보자. 그렇다면 자연의 관점에서 볼 때 자연이 인간에게 도덕을 형성할 수 있는 특별한 재능을 부여했거나 도덕을 형성해야 할 지침을 부과했다고 생각해야만 하는 것일까? 나는 먼저 이 물음에 집중하겠다. 물론 나는 철학자들이 흔히 하는 것처럼 보편적 원칙을 포착할 생각이 없다. 법률가인 나는 다른 사람들이 마치 진리인 것처럼 떠드는 자연주의 이론이 실제로 어떤 결과를 낳는지를 다루도록 하겠다. 나는 특히 마치 생래적 진리 또는 법원칙과 도덕이나 되는 듯이 떠들어대는 두 가지 명령을 보기로 삼겠다. 하나는 '살인하지 마라'는 명령이고, 다른 하나는 '거짓말하지 마라'는 명령이다.

자연이 우리 인간을 창조했다고 생각하면 이제 윤리가 자연에게 이렇게 요구한다. 즉 인간을 동물 이상의 존재로 만들고, 인간에게 도덕적 원칙을 함께 줄 것이며, 인간이 다른 인간과 공존할 수 있기 위해 필요한 중요한 원칙들도 함께 줄지어다!

우리는 자연이 그러한 요구에 부응해 행동했고, 그래서 도덕 원칙을 손에 들고 세계 속으로 들어간 사람이 있다는 식으로 생각한다. 그러한 원칙들 중의 하나가 '살인하지 마라'는 명령이다. 세계 속에 들어서자마자 자신의 생명을 위협하는 다른 사람이 저기서 걸어온다. '살인하지 마라'는 원칙이 첫 번째 난관에 부딪힌다. 어떻게 행동해야 하는 것일까? 이 원칙을 따라야 할까? 그의 자연적 감정은 따르지 말라고 속삭인다. 그리하여 자신의 생명을 주장하고 관철하기 위해 원칙을 위반한다. 이로써 윤리는 자신의 진리를 유지할 수 없는 첫 순간을 맞이하게 된다. 그리하여 윤리 스스로 이 원칙이 실현될 수 없다는 사실을 인정해야만 한다.

다른 사례를 상상해보자. 한 사람이 자기 재산을 잃을 위험에 처해 있고, 자기 재산을 빼앗아가려고 하는 사람을 죽이는 것 말고는 다른 방법이 없다. 이 경우 자기 재산을 위협하는 사람을 죽여도 좋은 것일까? 앞서 말한 원칙에 따르면 그렇게 해서는 안 된다. 하지만 실제로 그 때문에 사람을 죽였다면 이 법원칙을 책임지고 있는 윤리학은 사람을 죽여서는 안 된다는 일반 원칙에 여러 가지 예외를 추가하지 않을 수 없다. 경전에 가까운 텍스트에는 일단 '살인하지 마라'라고 쓰여 있어야 한다. 하지만 이 원칙은 여러 가지 예외에 시달리게 된다. 1. 정당방위일 때는 사람을 죽여도 좋다. 2. (대다수 고대 민족이 그랬듯이) 간통한 자는 죽여도 좋다. 3. 재산을 지키기 위해서라면 살인해도 좋다. 4. 이제 국가가 찾아와서 '그럼 나의 권리는 어떻게 되나요? 그러니까 범죄자를 사형해도 괜찮은가요?'라고 묻는다. 윤리학은 어깨를 으쓱하며 '뭐 때로는 되고, 때로는 안 되죠'라고 대답할 뿐이다. 여기서 예외들을 일일이 열거할 필요는 없을 것이다. 어쨌든 만일 '살인해서는 안 된다'는 원칙이 인간에게 생래적인 절대적 진리라고 한다면 예외 역시 인간에게 생래적인 것이어야만 한다. 그렇게 되면 이 원칙은 완전히 모순으로 가득 찬 원칙이 되고 만다.

두 번째 명령인 '거짓말하지 마라'에 대해 살펴보자. 물론 이 명령 역시 의심의 여지없이 도덕적 진리이다. 다음과 같은 사례를 생각해보자. 어느 여인이 병상에 누워 있다. 아이는 죽고 말았다. 여인이 아이는 어떻게 되었냐고 물으면 남편은 진실을 말해야 할까?

남편이 아이의 죽음을 알리면 아내는 틀림없이 죽게 될 것이다. 윤리학은 뭐라고 할까? 위대한 윤리학자들은 이 문제를 둘러싸고 엄청난 논쟁을 벌이고 있고, '거짓말하지 마라'라는 이 단순하기 짝이 없는 원칙을 통해 우리의 타고난 감정은 우리를 배반한다. 도덕적 의무 때문에 진실을 말해서는 안 될 상황이 엄청나게 많은데도 말이다. 인간의 삶에서는 진실 때문에 수백 명의 목숨이 날아가는 상황이 얼마든지 있다. 내가 최근에 출간한 저작들에는 그와 같은 상황이 자세히 설명되어 있다. 예를 들어 조난당한 배의 선장은 승객들에게 진실을 숨겨야 할 경우가 있다. 이 선장이 실제 상황을 솔직하게 말하면 승객들의 혼란이 가중되어 수백 명의 목숨이 위태로워질 수 있기 때문이다.

전쟁터에서는 장수가 전황을 있는 그대로 알려주면 병사들의 사기가 꺾일 수 있다. 오히려 진실을 숨김으로써 그들의 목숨을 건질 수 있다. 과연 그렇게 하는 것이 올바르지 않을까? 다시 말해 예외는 필연적이며, 자연이 이 모든 원칙 ― 그중 나는 두 개만을 특히 부각시켰다 ―을 우리 마음속에 각인시켜놓았다면 자연은 각 원칙마다 '원칙은 원칙적으로 타당하지만 이러저러한 제한이 있을 때에는 그렇지 않다'는 예외조항까지도 심어놓아야 했다.

나는 앞에서 일단 윤리가 인간이 창조될 때 함께 주어졌고, 윤리가 자연에게 부탁해 인간이 모든 도덕명제를 갖추게 되었다는 전제하에 설명을 했다. 내 생각으로는 이 원칙들에 관해 윤리가 여러 경험을 겪은 이후 윤리 자신마저도 자연으로 되돌아가고 있다는 생각이 든다. 즉 이제 윤리는 '네가 하고 싶은 대로 해라'라고 말한다. 아마도 자연은 윤리가 어떤 식으로 행동할지를 알고 있었던 것 같고, 윤리는 그에 걸맞게 행동했다.

자연은 그가 인간을 창조한 대로 인간들이 스스로를 도울 것이며, 그들이 무엇을 해야 하는지를 잘 알고 있다는 느낌을 가졌던 모양이다. 그리하여 증기기관과 전신기술을 발명한 인간이 당연히 법도 생성할 것이고 윤리 원칙도 찾아낼 것이라 믿었던 것 같다. 자연은 '나는 나의 피조물들을 믿노라! 만 년, 2만 년 후에 나는 나의 피조물들이 도덕적 원칙들을 찾아냈음을 보게 되리라!'라고 생각했는지 모른다. 인간의 도덕을 자연의 관점에서 본다면 이런 식의 결론을 내릴 수밖에 없다.

이 지점에서 내가 오늘 강연을 위해 몇 가지 메모한 것을 잠시 살펴보니 다행히도 그냥 스쳐지나가 버렸을 수도 있는 단어 하나가 눈에 띠었다. 물론 오늘 강연이 출간되면 거기에는 명시적으로 등장하겠지만 그건 상당히 위험스러운 일이다. 위험을 미연에 방지하기 위해 여기서 잠시 설명해야겠다. 내가 메모한 단어는 본능Instinkt이다. 이 단어는 어느 정도 가치를 갖는 단어이다. 자연은 동물에게 일정한 본능을 부여했다. 실제로 자연은 동물에게 특수한 재주를 본능으로 갖추게 해주었다. 그래서도 약 40년 전까지만 하더라도 예전의 철학은 본능을 생래적 법감정에 대한 이론의 한 축으로 여겼다. 하지만 오늘날에는 사정이 다르다. 왜냐하면 자연과학자들이 이미 본능은 생래적인 것이 아니라 동물의 경우에도 역사와 경험의 산물이라는 확실한 결론에 도달했기 때문이다. 즉 동물 또한 자신의 경험과 같은 유類에 속하는 존재들의 경험을 수집하고 이용한다. 이와 관련해 여러 가지 특이한 현상을 관찰할 수 있다. 예를 들어 특정한 기후 조건과 생활조건에서 특정한 방식으로 행동하는 동물이 먹이나 토양 또는 기후가 바뀌면 흔히 말하는 본능을 거부하고, 새로운 상황에 서서히 적응하려고 노력하고, 마침내는 새로운 상황에 완전히 합치하는 방향으로 변화함을 알고 있다. 이 경우에도 본능의 작용이라고 말할 것인가? 발전 과정의 종착점 이외에는 다른 것을 알려고 하지 않는 사람은 이 역시 자연이 동물에게 부여한 본능 덕분에 이루어진 일이라고 말할 것이다. 하지만 결코 그렇지 않다! 우리가 완전히 오해하고 있을 뿐인 동물은 단지 학습했을 따름이다. 이 동물은 자신의 오성을 사용해 경험을 수집했을 뿐이다. 독일에 전보 제도를 도입했을 때도 그와 유사한 관찰을 여러 가지 할 수 있었다. 처음에는 수많은 새가 전봇대와 전깃줄에 걸려 죽었다. 땅에 죽은 새들이 넘쳐났다. 몇 년이 지나자 이 현상은 자취를 감추었다. 새들이 이제 알게 된 것이다. 과연 본능이 새들에게 전봇대와 전깃줄을 피하는 방법을 가르쳐주었다고 말할 텐가?

한 가지 보기를 더 들어보자. 북해의 어느 곳에 등대를 건설했다. 이 등대 때문에 처음에는 수천 마리의 철새가 죽었지만 다음 해에는 수백 마리가 죽었고, 다음 해에는 등대 때문에 죽은 철새는 없었다. 새들이 다른 경로로 날게 된 것이다. 새들은 학습했고, 경험을 이용했다. 이렇게 최근의 동물학과 조류학은 여러 가지 흥미로운 사실을 밝혀냈다. 그리하여 동물의 오성이 경험과 결합해 삶에 필요한 것을 찾아내도록 해준다는 생각은 이제 의심의 여지가 없는 사실이다. 더 이상 본능이라고 말하지 않는다. 그런데도 자연주의 이론에 따른다면 동물이 오성을 이용해 해낼 수 있는 일을 인간은 해낼 수 없다는 것이 된다. 자연이 도와주지 않는 한 인간은 자신에게 필요한 것을 찾아낼 능력이 없다는 것이다. 본능에 대해 너무 장황하게 이야기했다는 생각이 든다. 이제부터는 역사의 관점을 다루고, 이 관점에서 두 가지 이론을 고찰해보기로 하겠다.

완전히 상이한 민족들에게서도 법제도와 윤리 이념이 일치한다는 점을 지적해 자연주의 이론에게 역사의 권위를 부여해야 한다고 말하는 경우가 자주 있다. 이런 식으로 생각하는 것은 로마의 법률가들이 그랬던 것처럼 우리 법률가에게도 아주 익숙한 일이다. 나는 그런 식으로 생각할 수 있을 정도로 법제도와 윤리 이념이 일치한다고 여긴다. 하지만 자연주의 이론이 제시한 방법을 따를 때만 그러한 일치성이 성립한다는 결론이 과연 타당한 것인지 의문을 갖게 된다. 반드시 필요한 것들은 모두 처음부터 또는 문화 발전의 일정 단계부터 모든 민족에게 공통으로 등장한다. 민족들은 어디에서나 문자를 발견했고, 화폐를 도입했다. 이 모든 제도를 생래적인 충동만으로 설명할 수 있을까? 오히려 합목적성의 산물이라고 설명해야 하지 않을까? 즉 이 제도들은 목적 그 자체에 의해 규정되는 합목적적 수단이었던 것이다. 다시 말해 수차례의 실패를 겪은 이후 결국 찾아낸 올바른 것이었고, 이 또한 모든 민족에게 공통되는 점이다. 모든 민족이 금속 화폐를 사용하게 된 것이 너무나도 필연적이어서 인간은 화폐를 약 만 번에 걸쳐 만들어보고 수천 년이 흐른 후 화폐가 오늘날과 같은 방식으로 제자리를 찾았다고 말할 수 있다. 그리하여 오늘날과 같이 여러 금속으로 여러 종류의 화폐를 만들게 되었다. 또한 동전은 4각이 아니라 둥근 모양이 될 것이다. 그렇지 않으면 동전이 바지주머니를 찢을 것이기에(물론 나는 중국인들의 화폐는 다른 모양이라고 여기에 첨가해두고 싶다). 또한 화폐는 어디서나 주조를 해서 만들게 되었다. 동전의 무게를 다는 일이 너무 많은 시간을 요구하기 때문이다. 이 모든 것이 문화민족들에게는 필연적이었을 것이다. 하지만 이러한 일치점이 실제로 존재하더라도 이로부터 자연 자체가 인간에게 예컨대 장래에 화폐는 어떤 모습이어야 하는지를 미리 지시했다거나 화폐의 모습을 인간의 머릿속에 집어넣었다는 식의 결론을 도출할 수는 없다. 더욱이 그와 같은 일치점은 실제로 존재하지도 않는다. 그저 일정한 단계의 문화민족들에게서 일정한 정도의 일치성이 존재할 뿐이다. 이 점에 대해 좀 더 자세히 살펴보자.

자연이 우리에게 도덕적 진리와 법원칙을 미리 지시해주었다는 명제가 옳다면 이 명제는 모든 민족, 모든 시대 그리고 모든 발전 단계에 해당하는 것이어야 한다. 즉 자연이 행한 것이 일정한 문화 단계에서만 등장하는 것이 아니라 어디에서나 자리 잡고 있어야만 한다. 인간의 사유 법칙이 모든 민족에서 똑같은 것과 마찬가지로 도덕적 진리 역시 어디에서나 똑같아야 한다. 하지만 원시인들을 보라. 원시 상태에 있는 인간들의 도덕적 관계는 결코 문화민족의 그것과 비교할 수 없다. 하지만 자연주의 이론은 무엇보다 원시인들에게도 들어맞아야 한다. 왜냐하면 자연의 아들인 원시인들이야말로 자연에 가장 가깝기 때문이다. 순수하고 전혀 오염되지 않는 연원을 찾기 원한다면 이 연원에 가장 가까운 자들에게서 찾는 것이 최상의 방법이 아니겠는가? 원시인이야말로 연원에 가장 가까운 자들이다. 강물이 흐르다보면 점차 다른 것들이 뒤섞이게 되고, 연원은 여전히 깨끗한데도 흐르는 강은 흐릿해지듯이 진정한 법으로서의 자연법은 원시인에게서 찾아야 하지 않을까? 하지만 사실은 정반대이다. 자연주의 이론을 주장하는 사람들에게 원시인에 관해 이야기하면 어떻게 원시인들에 대해서만 이야기하느냐고 대꾸할 것이다. 그러면서 문화민족만 권위를 갖는다고 말할 것이다. 나 역시 그렇게 생각한다. 하지만 그들이 주장하듯이 자연을 법과 도덕의 주재자로 인식하는 한 우리든 원시인이든 자연으로부터 똑같은 것을 배운다고 말해야 한다.

 원시인들은 제쳐두고 문화민족 자체에만 국한시켜 고찰해보자. 나는 일정한 단계에 도달하면 문화민족들의 법사상과 도덕적 원칙들이 기본적으로 똑같다는 사실을 인정한다. 하지만 이 민족들이 예전부터 지금과 똑같은 도덕적 원칙들을 가졌을까? 대답은 '아니다'이다. 위대한 민족들조차도 도덕의 흔적조차 찾아볼 수 없는 시대를 거쳤다. 그런 시대를 잠시 살펴보자. 내가 염두에 두는 시대는 완전히 원시적인 시대가 아니라 어느 정도 문화가 정착한 시기이다. 나는 그러한 시기에 도덕과 부도덕의 대립이 없었음을 입증하고자 한다. 나는 역사상의 증거를 제시하겠다. 이를 위해 유감스럽게도 우리 문화에도 일부분 전승되어 있는 고대의 잔혹함에 대해 묘사하지 않을 수 없을 것이다.

독일 역사에서 클로드비히^{Chlodwig}(5세기의 프랑크족 왕. 프랑스의 창시자로 알려져 있다 — 옮긴이) 시대에 그의 지배하에 일어난 끔찍한 사건들은 여러분도 알고 있을 것이다. 이것만 보더라도 당시에는 윤리 이념이 오늘날과 같은 힘을 발휘하지 못했다고 말할 수 있다. 하지만 나는 이를 증거로 사용하지 않겠다. 확실하지도 않은 전설도 증거로 삼지 않겠다. 오히려 두 가지 뚜렷한 증거를 제시하겠다. 하나는 언어이고, 다른 하나는 신화이다. 언어는 윤리 이념이 상대적으로 나중에 형성되었음을 보여준다. 수많은 표현이 원래는 감각적 표현으로 주로 감각적인 것을 가리키는 것이었다가 나중에 도덕에도 사용되게 되었다. 예컨대 나중에 미덕이라는 의미를 갖게 된 라틴어 '*virtus*'는 원래 용기와 힘을 가진 남성성에 대한 표현이었다. 미덕에 해당하는 그리스어 '*arete*' 역시 원래는 쓸모 있다는 의미였다가 나중에 미덕을 의미하게 되었다. 마찬가지로 우리 독일어의 'Tugend'도 원래는 쓸모, 유용함을 의미했다. 내가 아는 한 남슬라브어도 마찬가지라고 한다. 즉 남슬라브어에서 힘, 강함을 의미하는 단어는 동시에 미덕을 의미한다고 한다. 우리가 도덕적 의미로 사용하는 선과 악의 대립 역시 원래는 순전히 감각적 의미의 대립이었다는 사실 역시 여러 측면에서 증명되었다. 그러나 언어보다는 신화를 더욱 뚜렷한 증거로 내세우고 싶다. 여러분도 그렇겠지만 나도 신화가 민족들의 근원적인 윤리관에 대한 가장 확실한 증거 중의 하나라고 믿는다. 나는 신화야말로 도덕이 명문화된 최초의 형태이고, 신이라는 형태를 빌려 민족들의 시원적 생활에 대한 여러 가지 확실한 증거를 담고 있고, 그 속에서 민족의 윤리관 전체를 엿볼 수 있다고 생각한다. 그래서 우리는 신들에게서 증거를 찾고자 한다. 무엇보다 그리스의 신들을 보기로 삼아, 과연 당시의 도덕이 어떠했는가를 물어보자. 그리스의 신들이 지금 우리들 속에 나타나 자신들의 존재를 이곳에 뿌리내리면 아마 며칠도 못가 썩 편안하지 못한 방식으로 검찰이나 경찰과 마주치게 될 것이고, 올림피아의 신들은 모두 감옥에 갇히는 신세가 될 것이다. 물론 이 정도 이야기만으로 증거를 제시했다고 할 수는 없다. 여기서 그리스 신들의 성격에 대해 설명할 필요는 없을 것이다. 아무튼 나는 이 신들의 행동이 갖는 도덕적 내용을 검토해보았지만 그럴만한 것을 찾아내지 못했다. 어쨌든 나라면 그리스의 신들과 같은 사람과는 늘 거리를 두고 살겠다. 그런 사람은 그리스인들에게는 신이었을지 모르지만 나로서는 멀리 하고픈 사람일 뿐이다. 어떻게 이 점을 설명할 수 있을까? 각 민족이 각자의 신을 자신에게 거부감을 불러일으키도록 묘사했다는 것은 생각조차 할 수 없는 일이다. 도대체 어떻게 해서 그렇게 된 것일까? 이유는 간단하다. 신화가 형성될 당시에는 해당 민족에게 아직 도덕의식이 태동하지 않은 탓이다. 나중에 도덕의식이 깨어나면서 당대와 이전의 과거 사이의 균열이 드러났다. 이 때문에 예컨대 소포클레스의 에우리피데스처럼 신들의 잔혹함과 무자비를 한탄하고 저주하게 되었고, 이로써 그리스 종교는 몰락하게 된다. 다시 말해 신들은 도덕의식이 아직 깨어나지 않았던 시대의 소산이다. 인간은 앞으로 나아갔고, 신들은 그 자리에 계속 머물러 있었기 때문에 전까지만 해도 신을 우러러보던 인간이 이제는 신을 내려다보게 되었다. 이로써 신들의 세계는 몰락했다. 그러나 로마의 신들은 몰락하지 않았다. 왜냐하면 로마의 신들은 인간이 아니라 그저 개념에 불과했다. 개념은 결코 죄악을 범하지 않는다. 죄악은 인간만이 갖고 있는 특권이다.

도덕에 무감각했던 이 시대의 모습을 그릴 때 나는 이 시대의 인간들은 어떤 경우에 다른 동료들로부터 존경받게 되었을까 하고 묻게 된다.

고결한 품성이나 도덕 그리고 경건함 때문에? 그런 성격을 가진 사람은 전혀 이해받지 못했을 것이고, 바보로 여겨졌을 것이다. 당시만 하더라도 사람이 존경받는 이유는 강한 힘과 용기 그리고 거기에 수반되는 정신적 힘으로서의 간계奸計였다. 이 두 가지가 타인을 압도할 수 있는 힘의 원천이었던 것이다. 즉 육체적 힘이 지배하는 곳에서도 간계는 육체적 약자의 자연적 무기가 되었다. 여러분이 아시다시피 이 시대에는 이 두 가지 유형이 병존했다. 아킬레스와 아가멤논 말고도 오뒷세우스가 있었고,

신의 세계에서조차도 주피터 말고도 메르쿠리우스가 있었고, 죽음의 신 보탄 말고도 불의 신 로키가 있었다.

육체적 힘에 저항하기 위해 간계와 사술을 이용했고, 이 시대만 그러한 것을 높이 평가했다. 여기에 더욱 흥미로운 측면이 추가된다. 그것은 바로 복수이다. 이 시대로부터 전승된 모든 내용을 살펴볼 때 이 시기에는 복수의 정신이 살아 숨 쉬고 있었다. 신들의 세계에 등장하는 비인간적이고 잔인한 복수를 생각해보라. 니오베의 자식들을 죽이게 한 레토의 복수, 프로메테우스에 대한 주피터의 복수, 오뒷세우스에게 가한 넵튠의 복수 등 수많은 사례가 있다. 하지만 나는 인간 세계에서 등장하는 복수를 더욱 흥미롭게 여긴다. 즉 고대 그리스의 두 서사시와 독일의 한 서사시는 전적으로 복수 사상에 기초하고 있다. 호메로스의 『일리아스』 1부는 브리세이스를 뺏은 아가멤논에게 복수한 아킬레우스 이야기를 담고 있고, 2부는 그리스인들이 패퇴한 이후 아킬레우스가 복수심을 누그러뜨리는 이야기로 시작해 친구 파트로클루스가 헥토르에 의해 죽임을 당한 이후 다시 헥토르에 대한 복수심으로 불타오르고, 아킬레우스가 헥토르의 시체를 끌고 도시 전체를 돌아다니는 잔혹한 이야기로 끝난다. 『일리아스』만 그런 게 아니다. 『오뒷세이아』 역시 1부와 2부 모두 복수에 관한 이야기가 가득하다. 먼저 오뒷세우스에 대한 포세이돈의 복수 이야기가 등장한다. 헬리오스의 소들을 죽인 건 오뒷세우스가 아니라 동료들이었는데도 포세이돈은 아무 책임도 없는 오뒷세우스에게 복수해 무자비하게 바다로 내쫓는다. 2부에는 다시 오뒷세우스가 부정한 남자들과 창녀들에게 복수하는 장면이 나온다. 복수는 이 두 서사시의 결말인 셈이다. 독일의 서사시 『니벨룽겐의 노래』 역시 브룬힐트와 크라임힐트의 복수에 관한 이야기이다. 그러니까 언제 어느 곳에서나 복수가 중심에 있었다. 그것이 곧 이 시대의 사상이었다. 이 사상은 사랑과 자비 등과 같은 사상과는 극단적으로 대립한다. 이 시대는 바로 그런 시대였다.

여기서 한 가지 언급을 추가하겠다. 우리는 이 시대의 비인간적 잔혹성과 폭력을 접하면서 굉장히 흥분하는 경우가 자주 있다. 만일 이 시대 사람들이 우리와 같은 도덕 감정을 갖고 있었다면 우리가 흥분하는 것은 당연하다. 하지만 우리가 흥분해 마지않는 저 추악하고 잔혹한 성격의 만행은 당시의 관점에서는 결코 만행이 아니었다. 내가 이야기하고 있는 이 시대는 그와 같은 만행을 그저 야수를 다루는 행동쯤으로 여겼다. 마치 사자가 사슴을 잡아먹듯이 강자가 약자를 약탈하고 억압하는 행동일 뿐이었다. 그건 물리적 현상이었다. 어떤 불법이나 부도덕이 자행되었다는 의식 자체가 없었고, 대신 자연이 발생시킨 잔혹함에 맞서 자연이 보상했다고 생각했다. 아마 여러분은 왜 잔혹함이냐고 물을 것이다. 잔혹함 또한 필요했다고 대답하지 않을 수 없다. 왜냐하면 이 시대는 역사가 앞으로 다가올 윤리의 시대를 준비하기 위해 인간의 의지를 필요로 했던 시대였기 때문이다. 즉 고집스럽고 제멋대로 날뛰는 의지를 폭력과 전갈 그리고 채찍으로 억누를 수밖에 없는 곳에서 비로소 인간은 도덕을 준비하게 된다. 따라서 나는 역사 속에서 등장하는 참으로 비인간적인 괴물이 지상의 윤리가 발전되는 데 커다란 의미를 가졌다고 생각한다. 이 괴물이 거친 인간들의 손발을 묶고 때려서 성숙하게 만들었던 셈이다. 한 가지 사실을 다시 한 번 강조하겠다. 즉 이미 말한 대로 이 시대는 도덕이 없던 시대였고, 따라서 도덕과 부도덕의 대립 자체가 없던 시대였다는 사실이다.

도덕과 부도덕의 대립은 훗날에 등장하기 시작하지만 초기에는 양자의 대립이 엄격한 것이 아니었다. 즉 누군가에 대해 부도덕한 것이 다른 사람에게도 부도덕하다는 식으로 도덕과 부도덕의 대립을 엄격하게 유지한 것이 아니라 같은 공동체에 속하는 사람에 대해서는 부도덕하고 불법적인 행위일지라도 해당 공동체에 속하지 않는 사람에게 똑같이 행위 할 때는 부도덕한 행위가 되지 않았다. 잘 알려져 있듯이 로마법상 이방인은 완전히 법 바깥에 있는 존재로, 아무런 권리도 없었다. 로마인들은 우방관계에 있는 국가에 속하지 않은 이방인을 노예로 삼아 그의 물건을 강탈할 수 있었다.

이방인들에 대해서는 무엇이든지 할 수 있다는 견해는 모든 민족에게서 찾아볼 수 있다. 한 가지 보기를 들겠는데, 이 보기는 흔히 유대인들에 대한 부당한 평가의 근거로 제시되기도 한다. 즉 유대인들이 이집트를 떠날 때 모세는 유대인들에게 이집트인들의 금은보화를 가져오라고 조언한다. 오늘날 우리가 갖고 있는 감정으로는 이는 명백히 비난받아 마땅한 일이지만 당시의 상황을 감안할 필요가 있다. 당연히 당시에는 이방인은 얼마든지 속여도 무방하다고 생각했다.

이러한 나의 설명들에 따른다면 내가 구약에 등장하는 사례들을 어떻게 평가할지를 여러분은 금방 알아챌 것이다. 구약에도 수없이 많은 기만과 사기가 난무한다. 야곱과 라반은 한 예에 불과하다. 당시에는 그게 당연한 일이었고, 단지 우리에게만 역겹게 여겨질 뿐이다.

여기서 나는 지금까지 내가 설명한 내용을 다시 한 번 상기시키고자 한다. 나는 먼저 자연의 관점에서, 다음에는 역사의 관점에서 자연주의적 이론과 역사적 이론을 설명하고 비판했다.

이제부터는 세 번째 관점, 즉 우리 자신의 내면에 관한 심리적 관점을 다루도록 하겠다. 먼저 나 자신이 예전에는 심리적 근거를 가장 설득력 있는 것으로 생각했음을 고백하겠다. 나 자신이 이것은 법이고 저것은 불법이라고 말해주는 내면의 목소리를 감지했었다. 이 때문에 내가 양심의 내용마저도 역사적이라는 견해를 갖게 되리라고는 생각조차 하지 못했다.

내가 나 스스로를 정당화하는 것에 대해 너무 끔찍하게 여기지 않기 바란다. 중요한 것은 우리가 믿는 이론적 또는 실천적 진리가 자연에 의해 우리에게 주어진 것인가 아니면 역사를 통해 주어진 것인가의 물음일 뿐 나의 입장을 정당화하는 것은 부수적일 뿐이다. 그리고 우리에게 무엇이 선이고 무엇이 악인지를 알려주는 양심이 역사의 길에서 형성되었다는 사실, 다시 말해 선과 악의 대립은 예컨대 성서의 「창세기」에 나와 있듯이 도덕에 아무런 관심이 없던 낙원에서 선악과를 따먹고 난 이후에 선악의 판단이 생겨난 것처럼 시간이 경과하면서 비로소 형성되었고, 따라서 선과 악의 대립 자체는 역사의 산물이라는 사실 때문에 우리의 내면 속의 양심이 우리에게 행사하는 힘이 약해지는 것은 아니다. 기독교 역시 시간이 흐르면서 계시되었다. 하지만 역사의 첫 순간부터 이 계시가 이루어지지 않았다고 해서 기독교의 힘을 과소평가할 사람은 없을 것이다. 우리의 도덕감정 역시 마찬가지이다. 우리의 도덕감정이 시간의 경과와 함께 형성된 것이든 아니면 처음부터 있었든 관계없이 도덕감정이 형성되는 한 이 감정의 권위는 전혀 손상 받지 않는다. 그러나 도덕감정이나 양심 또는 흔히 말하는 법감정이 생래적이라는 견해는 억측에 불과하다. 그런 견해를 주장할 수 있는 이유는 우리가 그러한 감정이 우리 안에서 점차로 형성되는 과정을 관찰할 수 없다는 사정 때문이다. 이 지점에서 나는 다시 자연과학과의 비교를 통해 설명하겠다. 예전의 자연과학은 소멸, 부패, 파괴 등과 같은 물체의 일정한 과정이 물체 내부의 원인에 의해 발생하고, 이 과정 자체가 물체 내부에서 시작된다고 가정했다. 하지만 최근의 자연과학은 이 과정이 공기 속에 떠도는 수백만, 수억만의 포자spore에 의해 외부에서 시작된다는 사실을 밝혀냈다. 우리의 감정 또한 마찬가지이다. 우리를 둘러싸고 있는 도덕적 공기 속에는 — 내가 이 비유를 계속 유지하는 것을 이해해주기 바란다 — 수백만의 도덕적 포자들이 떠돌아다니고, 아이는 처음으로 숨 쉬는 순간부터 이 포자를 들여 마시게 된다. 아이는 엄마의 사랑스러운 눈빛을 쳐다보면서 처음으로 도덕과 만나고, 유모의 차가운 눈빛 속에서 처음으로 부도덕과 만나면서 이 도덕적 포자를 들여 마신다. 그와 같은 작용이 어떤 식으로 일어나는지를 찬찬히 따져보면 아이에게 미치는 외부의 영향이 아이를 끔찍하게 망치는 경우가 얼마나 많은지를 알게 된다. 나는 유모의 학대가 한 아이의 운명, 즉 아이가 평생에 걸쳐 갖게 되는 양심에 상당히 큰 영향을 미칠 수 있다고 생각한다. 이는 구체적으로 증명하기 어려운 비밀스런 구석이지만 그러한 영향이 존재한다는 사실만은 확신한다. 나 자신을 관찰해보더라도 내 삶에서 겪은 여러 사건이 나에게 뚜렷한 영향을 미쳤다는 사실을 입증할 수 있다. 내가 어렸을 때 겪은 일들 중 몇 가지는 결코 잊을 수가 없다. 여러분들 스스로도 유년기에 겪은 사건들을 떠올려보면 우리가 과연 어떤 요소들로부터 도덕적 자양분을 얻게 되었는지를 입증할 수 없음을 인정할 것이다. 하지만 한 가지 사실만은 틀림없다. 즉 우리의 도덕적 자양분은 우리 바깥에서 온 것이다. 우리의 도덕적 견해가 환경에 따라 다르다는 사실은 그에 대한 명백한 증거이다. 원시인들의 아이는 우리 아이들과 다른 도덕관을 갖고 있고, 경건한 가정의 아이는 범죄자의 아이와는 다른 도덕관을 갖고 있다. 왜 그런 것일까? 이유는 한 아이는 나쁜 공기를 마셨고, 다른 아이는 좋은 공기를 마셨기 때문이다. 아이가 성장해 예닐곱 살이 되면 이미 기본적인 형태의 도덕적 인간이 되고, 이런 식으로 점차 도덕을 형성하게 된다. 이제 우리의 법감정이 이미 확립되어 있는 법제도와 법원칙이라는 외부 환경으로부터 자양분을 공급받아, 마침내는 이보다 더 우월한 존재가 되는 과정이 어떻게 이루어지는지를 설명해야 할 때가 왔다. 법감정은 분명 법제도와 법원칙으로부터 자양분을 얻지만 이를 훨씬 더 뛰어넘는다. 우리의 법감정이 확립된 법제도에 반감을 갖거나 법감정과 법제도가 모순되는 경우가 자주 있다는 점은 틀림없는 사실이다. 우리의 법감정이 우리를 둘러싸고 있는 법질서의 산물이라면 이 모순은 왜 생기는 것일까? 이 물음에 대한 나의 대답은, 인간 정신이 갖고 있는 추상화 능력에 기인한다는 것이다. 이 능력이 없다면 인간은 생각할 수 없고, 이 능력 자체가 개개의 경우마다 무엇인가를 추상화한다. 아이가 언어를 배우고, 이 표현 또는 저 표현이 무엇을 의미하는지를 알게 되고, 애완동물과 꽃 그리고 다른 물건들을 구별할 수 있게 되는 근거가 이 추상화 능력이 아니고 무엇이겠는가? 누가 물건들을 구별하도록 아이에게 가르쳤을까? 아니다. 누구도 그렇게 하도록 가르치지 않았다. 아이는 이름들을 들었고, 이 동물은 개라고 불리고, 저 동물은 고양이라고 들었을 뿐이다. 그게 전부다. 이제 아이가 하는 일은 무엇일까? 아이는 추상화를 한다. 즉 무의식중에 개의 특성과 고양이의 특성을 추출(추상화)해 시간이 지나면 추상적 특성에 비추어 개와 고양이를 구별할 줄 알게 된다. 언어 역시 마찬가지이다. 아이는 아무도 추상적 규칙을 가르쳐주지 않더라도 동사변화와 어미변화를 할 줄 알게 된다. 그렇다면 이 규칙을 아이는 어떻게 알게 되었을까? 아이는 그가 들은 단어들로부터 규칙을 추상화한다. 연약한 아이가 놀라울 정도의 정신노동을 수행하는 것이다. 아이는 요람에 있는 헤라클레스라고 비유하고 싶을 정도이다. 이런 식의 추상화를 거쳐 규칙들의 구별까지 해내는 아이를 보면서 나는 인간 정신의 위대한 업적 앞에서와 똑같이 인간 정신에 대해 경외감을 느낀다. 추상화 능력이란 바로 그런 것이다. 이 능력은 어떤 사람이나 민족에게는 덜 발달되어 있고, 다른 어떤 사람이나 민족에게는 더 발달되어 있다. 많은 사람은 정신을 그저 기억의 창고쯤으로만 이용한다. 이런 사람들은 물품들을 헛간에 쌓아두고 가끔 필요하면 끄집어내

쓸 뿐이다. 저장한 물품은 저장하기 전이나 다시 빼내올 때나 아무런 변화가 없다. 더 나빠지지도 더 좋아지지도 않는다. 그건 창고에 처박아 두었다가 다시 꺼내 쓰는 볏짚단과 다를 바 없다.

이에 반해 다른 사람들에게 정신은 하나의 공장이다. 이곳에 재료가 반입되면, 대개는 재료의 원래 모습은 흔적도 없이 사라진다. 재료는 어디로 간 것일까? 재료는 추상화로 전환된다. 그것이 어떤 식으로 이루어지는지는 본인도 잘 모르는 경우가 많다. 하지만 반입된 재료는 죽은 것이 아니라 오히려 정반대로 정신 속에 생생하게 살아 있다. 그것이 바로 창조적 정신이다. 정신은 내적으로 작업하고, 그 속에서 재료가 가공되고 처리된다. 정신의 소유자 스스로도 뚜렷이 의식하지 못한 상태에서 말이다. 이렇게 무의식중에 일어나고, 밤에 이루어지는 경우도 많다.

나는 가끔 낮에는 도저히 해결책을 찾지 못하거나 머릿속의 생각을 제대로 표현하지 못하는 문제와 씨름하곤 한다. 모든 노력을 기울여도 해결되지 않다가 밤에 갑자기 깨어나 적절한 표현과 올바른 해결 방안을 찾는 경우가 자주 있다. 나는 어떻게 한밤중에 별로 힘도 쓰지 않고 낮에는 온힘을 다해도 찾지 못했던 해답을 찾아내는지 종종 묻곤 한다.

이 경우 정신의 내부에서 우리가 전혀 알지 못하는 활동이 이루어지는 것이 틀림없다. 정신은 인간이 의식하지 못한다 할지라도 계속 활동해야 한다. 그것은 마치 두 개의 소재가 서로 맞

물려 화학적으로 결합하는 것과 같은 현상이다. 인간이 의욕 하지 않더라도 두 개의 소재는 작업하고, 서로 결합한다. 우리의 사유와 살아 있는 정신은 바로 그와 같은 것이다. 정신이라는 공장에서는 끝없이 작업이 이루어지고, 언제나 무언가 새로운 것이 생산된다.

학문의 진보나 우리 삶에서 이루어지는 판단의 진보 또한 여기서 기인한다. 사람들에 대한 우리의 판단은 어디에서 오는 것일까? 이에 대한 판단의 기준은 우리 스스로가 만들어낸 것이다. 의도적으로? 분명 그렇지 않다. 우리는 그러한 기준을 추상화를 통해 얻게 된다. 즉 판단 기준은 우리 속에서 형성된다. 추상화라는 무의식적 활동은 법감정이 우리 제도 속에 실현되어 있는 법규들에 앞서 존재하도록 작용한다. 내가 메모해둔 이에 관한 보기들을 일일이 열거하기에는 시간이 너무 많이 지났다. 오늘 이 강연을 책으로 출간할 생각인데, 거기서 여러 보기를 제시하도록 하겠다. 오늘은 한 가지 보기만으로 만족하기로 하자.

로마에서는 당연히 절도가 금지되었지만 사람이 죽고 나면 누구나 죽은 사람이 남긴 물건 중 원하는 것을 가져갈 수 있었다. 이 행위는 절도로 여겨지지 않았다. 소유권자가 없기 때문이다. 하지만 시간이 지나면서 이 행위는 금지되었고, 범죄로 처벌하기까지 했다. 어떻게 이러한 변화가 일어났을까? 대답은 '법감정의 추상화를 통해서'이다. '도둑질하지 마라'라는 명령은 소유권자가 있을 때만 타당한 것이었다. 법의 변화가 있기 전에 '왜 소유권자가 있을 때에만 그럴까?'라고 묻기 시작했다. 장래의 상속인도 물건에 대한 권리가 있기 때문이다. 즉 소유권자에게 해당되는 명령이 왜 상속인에게는 해당하지 않는가를 묻게 된 것이다. 이와 비슷한 사례는 상당히 많다. 즉 한 민족의 법감정과 특히 교양을 갖춘 ─ 내 생각으로는 학자나 법률가 역시 여기에 해당한다 ─ 개인의 법감정은 법에 우선하며, 이 법감정 덕분에 법감정의 주체와 법 자체를 뛰어넘을 수 있게 되는 것이다. 흔히 어떤 원칙으로부터 그런 식의 결론을 내려서는 안 된다거나 원칙을 수립하는 건 좋은데 너무 좁게 잡았다든가 마지막 결론은 도출하지 않는 것이 좋다고 말할 수 있는 것은 모두 법감정에 힘입은 것이다. 이 생각과 관련해 나는 언젠가 다음과 같이 표현한 적이 있다. 즉 딸은 엄마를 뛰어넘고, 엄마로 하여금 무엇을 자신에게 가르쳤는지 상기시킨다. 다시 말해 엄마가 주었던 가르침이 무엇이었는지를 상기시키고, 그 가르침을 다른 상황에 적용하는 것은 바로 딸이다. 이렇게 보면 발전된 민족에게 법감정은 사실상 진보의 선구자이다. 하지만 선구자의 역할은 결코 간단한 작업이 아니다. 단순한 법감정만으로는 삶에 깊숙이 침투할 수 있는 법원칙의 실현을 완성할 수 없다. 법감정이 요구하는 것을 실현하기 위해서는 실천적 동기도 함께 작용할 필요가 있음은 역사가 보여준다. 이 점을 역사 속에서 추적하는 사람이라면 최근의 문화민족들에게서 이루어진 중요한 혁신들은 이미 법감정이 그러한 혁신을 요구한지 오래 되었음에도 전쟁이나 사회운동과 같은 어려운 시대에야 비로소 관철되었음을 알게 된다. 간단히 말하자면, 법감정의 요구를 실현하기 위해서는 실천적 압박과 강요가 필요하다.

강연을 마치기 전에 몇 마디만 더 추가하겠다. 나는 앞서 언급한 세 이론 중 오직 역사적 이론만 법감정의 형성과 관련된 자연과학, 역사 그리고 심리학의 관점에 따른 시험을 통과할 수 있다는 사실을 입증했다. 나는 나에 대한 반론을 느긋하게 기다리고, 또한 반론이 있기를 희망한다. 새로운 견해가 너무 쉽게 성공을 거둔다면 학문에게는 나쁜 일이기 때문이다. 학문에서 승리는 어려워야 하며, 이 점은 나의 학문의 경우에도 해당한다. 물론 나의 견해가 승리하는 것을 내가 직접 겪지는 못할 것이다. 하지만 나는 이 견해가 미래를 기약할 것이라고 확신하면서 죽을 것이고, 그 정도로 나의 새로운 견해가 진리임을 확고하게 믿고 있다. 언젠가 나의 이 견해가 확고하게 자리 잡을 날이 올 것이다. 그때까지 오랜 시간을 필요로 하리라는 것을 나 자신 잘 알지만 언젠가 그날이 와서 나의 견해의 모든 측면을 진지하게 고려하기를 희망한다. 어쨌든 나는 결과에 도달했고, 또한 앞으로 이 강연문을 책으로 출간하면 그곳에서 다시 한 번 같은 결과에 도달하려고 시도할 것이다. 앞으로 이와 관련된 문제들을 검토하는 학문분과인 법철학이 그저 지금까지 그랬던 것처럼 이성이 모든 진리의 원천이라고 떠들면서 나의 결과를 무시하지 않고, 진지하게 나의 견해를 다루면서 '자연이냐 아니면 역사냐'라는 대안에 대해 어느 한쪽을 지지하는 대답을 해주기 바란다. 나는 법철학이 가는 길에 큰 돌 하나를 땅에 박아놓았다고 생각한다. 법철학은 이 돌을 뽑아버리거나 오던 길로 돌아가지 않는 한 이 돌을 피할 방법이 없다. 만일 이 돌을 피하기 위해 오던 길로 되돌아간다면 법철학은 비과학적이라는 비난을 피하지 못할 것이다. 모든 역사학자에게 가장 첫 번째 물음은 역사의 원천이 무엇인가이듯이, 법철학의 영역에서 첫 번째 물음은 '우리가 설명하고 서술하는 이 모든 내용은 과연 어디서 온 것일까?'이다. 이 물음에 대해 우리는 이성이라고 대답하는데, 그렇다면 이 이성은 타고난 이성일까 아니면 역사적 이성일까?

    나는 내 견해가 새로운 견해에 대해 학문적 수단으로 대항하지 않는 경우에 흔히 제기되는 비난을 받으리라고 예상한다. 즉 새로운 견해가 실제적으로 위험하고 부도덕하다는 비난을 제기하는 경우가 많다. 나의 견해에 대해서도 그러한 비난이 제기될 것이다. 그것은 기독교와 비슷한 상황이다. 우리가 기독교를 더 이상 비난하지 않게 된 것은 인류가 기독교를 받아들일 수 있을 정도로 성숙한 시기에 가능하게 되었듯이, 도덕 이론을 비난하는 것 역시 이 이론이 가르쳐주는 도덕을 받아들일 정도로 성숙

할 때만 가능하다. 인간이 실제로 그러한 도덕을 받아들인다면 나의 도덕 이론의 관점에서 볼 때 인간은 보다 높은 도덕적 안정성을 구가하게 된다. 왜냐하면 자연주의 이론에서는 도덕이 마치 절대적 명령이고 또한 영원히 그러한 상태에 머물러 있을 것처럼 정당화하는 것 말고는 달리 방법이 없기 때문이다. 나의 이론의 최종적 근거는 결국 목적이며, 그래야만 학문도 끝없이 많은 관점을 취할 수 있다. 나는 내가 이제는 이런 방향으로 연구하기에 너무 늙은 나머지 목적이 도덕과 법을 만들어내는 궁극적 근거임을 입증할 수 없다는 사실을 유감스럽게 여긴다. 나의 이론은 학문에게 넓고 비옥한 땅을 선사할 뿐만 아니라 더 나아가 역사에 대한 올바른 판단을 포함하고 있다고 주장하고 싶다. 자연주의 이론은 오로지 불변의 도덕적 명령들만 알고 있을 뿐이며, 그런 이론에게 과거는 부도덕하다. 하지만 우리의 윤리적 원칙을 이런 시대에 심어놓는 것은 마치 따뜻한 햇볕을 필요로 하는 식물을 차가운 겨울밤에 바깥에 내놓는 것과 마찬가지로 완전히 전도된 짓이다. 봄이 와서 식물을 바깥에 내놓으면 쑥쑥 자라지만 너무 일찍 내놓으면 얼어 죽는다.

나의 이론은 미래를 향해 어떤 관점을 제시할까? 자연주의 이론에 따르면 모든 것은 이미 정해져 있고, 명령은 영원히 타당하다. 나의 이론에 따르면 모든 것은 끝없는 진보이다. 우리가 지나간 시대를 되돌아보면 플라톤이나 아리스토텔레스가 노예제도를 정당화할 수 있었다는 사실은 놀라운 일이 아닐 수 없다. 이와 마찬가지로 다음 시대는 우리를 내려다보면서 우리 이론과 제도를 기이하고 놀랍다고 여길 것이다. 우리가 과거의 그것들을 그렇게 여기듯이. 하지만 완전을 위해서는 반드시 불완전을 전제해야 한다. 그래서도 우리를 뛰어넘어 도덕과 법의 미래는 계속 또 다른 미래를 향해 나아갈 것이다. 나는 다음의 문장으로 강연을 끝마칠 수 있다고 믿는다. 도덕의 진보가 모든 도덕 이념의 핵심이고, 도덕의 진보는 역사의 신이다.